はじめに

レシピ通りに作っているのに「なぜか失敗してしまう」
レシピを見なくても作れるふつうの料理なのに
「なぜかいまいちおいしくない」
そんな経験はありませんか。
自分には料理の才能がないのかな、
とあきらめていませんか。
でも、それはあなたにとくべつな才能や
センスがないからではありません。
ただ、〝料理のコツ〟を知らないだけなんです。
料理には、レシピには書かれていない、〝コツ〟があります。
〝コツ〟といっても、料理のプロや職人だけが
使うことのできる魔法のような裏技ではありません。
たとえば、「お肉を焼くまえに切り目を入れる」
「野菜は強火で炒める」……
もしかしたら、聞いたことはあっても、

なんのためにやるのかわからなくて、うっかり忘れてしまったり、
忙しいときはすっ飛ばしたり、なんていう人もいるかもしれません。
実は、これらの小さな〝コツ〟には
きちんとした科学的な理由があります。
一見やってもやらなくてもどちらでもよさそうな〝コツ〟が、
「おいしい」を生み出しているのです。
とくべつな才能やセンスは必要ありません。
ただ、科学的な法則にのっとって〝コツ〟を
正しくやればいいだけなのです。
本書では、レシピには載っていない〝コツ〟の手順と、
その〝コツ〟がなぜ必要なのか、おいしくなる理由を、解説します。
難しいフランス料理や、職人みたいな懐石料理を
作りたいわけじゃなくて、毎日のふつうのお料理を、
きちんとおいしく作れるようになりたい。
そう思っている人も、これらの〝コツ〟を理解すれば、
どんな料理にも対応できる、
本当の料理上手になることができます。

目次

野菜のコツ——8

ふり洗いする野菜、すり洗いする野菜——10
野菜の千切りは一度水につける——12
野菜、タテに切るか、ヨコに切るか——14
レタスは包丁でなく手でちぎる——16
丸ごとのじゃがいもは水からゆでる——18
緑黄色野菜をゆでるときは、ふたをしない——20
れんこん、ごぼう、うどなどを加熱するとき、ゆで汁に酢を加える——22
ほうれん草をゆでるとき、塩を入れる——24
煮崩れしにくい、いも——26
じゃがいも、さつまいもの裏ごしは、熱いうちに——28
ドレッシングと野菜の相性——30
果物がおいしいのは、常温か、冷やすか?——32
すぐ食べたほうがいい果物、少し置いておいたほうがいい果物——34
りんごを切ったあと、塩水にさらす——36

お肉のコツ——38

肉は調理30分前に冷蔵庫から出し常温に——40
調理前にお肉をたたく——42
お肉を切るときは繊維と垂直に切る——44
肉に火を通す前に、切り目を入れる——46
牛肉は好みで、豚肉はしっかり火を通す——48
カタい肉をワインに漬けてから、煮込む——50
牛肉、どこをどう食べる?——52
豚肉、どこをどう食べる?——54
鶏肉、どこをどう食べる?——56
ハンバーグのひき肉は豚肉と牛肉を混ぜる——58
ひき肉は成形する前に塩を入れてよく練ってから——60
ひき肉をこねるときは、手早く——62
ハンバーグの真ん中を凹ませる——64
ハンバーグは最初強火で、あとは火を弱めてゆっくり——66

魚のコツ——68

皮から焼く魚、身から焼く魚——70
魚をひっくり返すのは、一度だけ——72
魚は「強火の遠火」で焼くとおいしくなる——74
魚を煮るときは落としぶたを使う——76
刺身にするとき、厚く切る魚、薄く切る魚——78
白身魚は短時間で、赤身魚はじっくり煮る——80
あさり、はまぐりの砂抜きは塩水で、しじみは真水で——82
貝類は長く加熱しない——84
えびの切り目、背に入れるか、腹に入れるか——86
えびをゆでるときレモンを一緒に——88

卵のコツ——90

卵は使う直前に割る——92
溶き卵は泡立てない——94
薄焼き卵を焼くとき、油を一度拭き取る——96
卵を半熟に加熱するときは、早めに火を止める——98
おいしくてきれいなゆで卵をつくるには?——100

ごはん・パン・麺のコツ——102

お米はなるべく短時間で洗う——104
ごはんを蒸らした直後、しゃもじでサッとほぐす——106
すし飯に合わせ酢を加えるタイミング——108
パンやケーキをきれいに切る方法——110
サンドイッチのパン一面にバターを塗る——112
パスタをゆでるとき塩を入れる——114
パスタのゆで時間は、指定より若干短めに——116
パスタとソースの相性は?——118

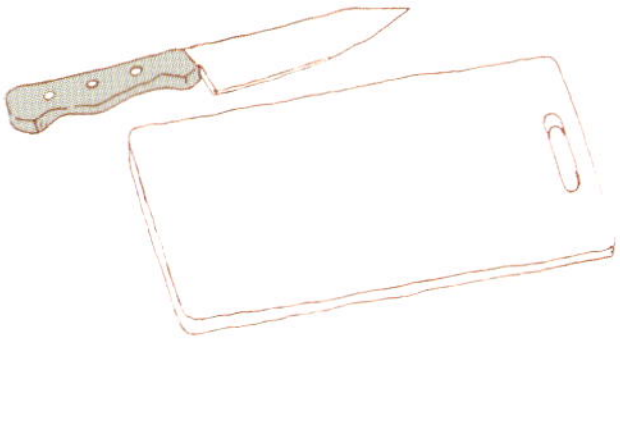

目次

下準備のコツ 120

材料を切るときは均一の大きさに 122
乱切りに向く食材 124
涙が出ないたまねぎの切り方 126
肉や魚の切り身は洗わない 128
昆布だしは煮込まない 130
かつおだしをとるとき、加熱しすぎに注意 132
チャーハン、焼きそばを水っぽくしない方法 134
大根を煮るとき、下面に十文字の切り目を入れる 136
ごぼう、れんこんは切ったら、酢を加えた水に漬ける 138
サンドイッチの野菜の水分をキッチンペーパーで水分をふきとる 140

調理のコツ 142

肉や野菜は強火で、短時間で炒める 144
肉、野菜、卵を炒める順番は？ 146
なすの調理法、色と味がいいのは？ 148
お肉や魚を焼くときに小麦粉をまぶす 150
ぎょうざを焼くとき、最初に湯を入れる 152
なめらかなホワイトソースの作り方 154
香ばしいローストビーフの焼き方 156

味付けのコツ 158

野菜炒めの味付けは最後に 160
煮物を煮たあと、ねかせる 162
炊き込みごはんに調味料を加えるタイミング 164
「さ（砂糖）・し（塩）・す（酢）・せ（しょう油）・そ（味噌）」の順番の意味 166
あんこに塩を加える 168
砂糖の隠し味 170
みりんの役割 172
ハーブ、スパイス、最初に入れるもの、仕上げに入れるもの 174

調理器具のコツ

調理器具のコツ 176
包丁は垂直でなく斜めに入れて、前後に動かす 178
炒め物の材料は鍋の大きさの半分以下に 180
野菜は鍋でゆでるより電子レンジで 182

食べ合わせのコツ

食べ合わせのコツ 184
とんかつにキャベツの千切り 186
焼き魚に大根おろし 188
トマトにオリーブオイル 190
カレーにらっきょう 192
ごはんに味噌汁 194
ほうれん草、小松菜に油揚げ 196
野菜炒めに春雨 198

飲み物のコツ

飲み物のコツ 200
透明なアイスティーを作る方法 202
カフェオレとカフェラテの違い 204
食後にお茶を 206
おいしいビールの注ぎ方 208
冷やすお酒、常温のお酒 210

保存のコツ

保存のコツ 212
お弁当の中身は冷ましてから容器に入れる 214
ごはんを冷凍保存するときはなるべく小分けに 216
野菜の保存のコツ 218
お肉の保存のコツ 220
魚の保存のコツ 222

食材選びのコツ

食材選びのコツ 224
旬の食材を選ぶ 226
おいしい野菜の見分け方 228
おいしいお肉の見分け方 230
おいしい魚の見分け方 232
料理別索引 234

野菜のコツ

サラダ、炒め物、煮物……
生食をはじめあらゆる調理法で食す野菜。
洗い方、切り方、火の通し方など、
野菜・果物をおいしく食べるコツを紹介します。

1

ふり洗いする野菜、すり洗いする野菜

ふり洗い

［ほうれん草、小松菜など］

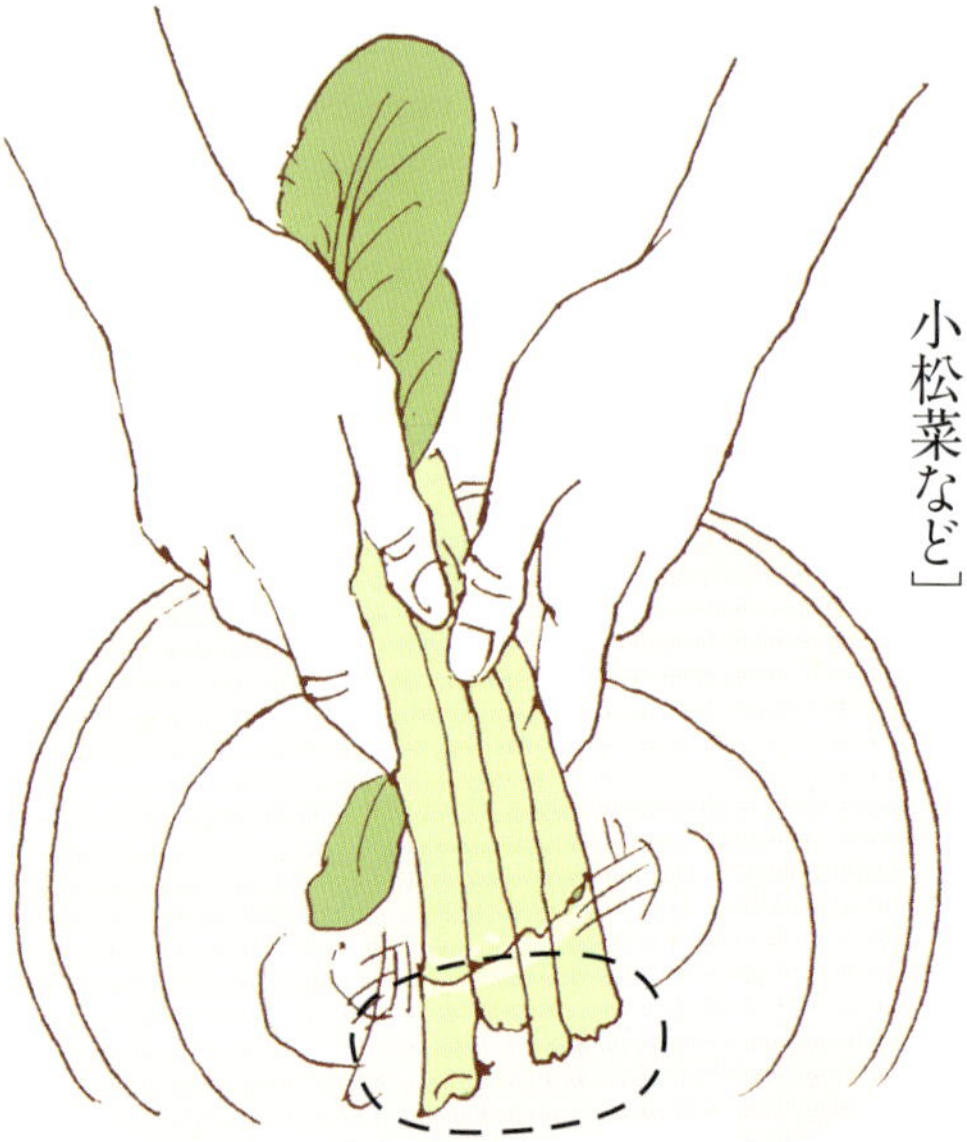

泥や砂を落とす

すり洗い

［大根、にんじん、きゅうり、なす、いもなど］

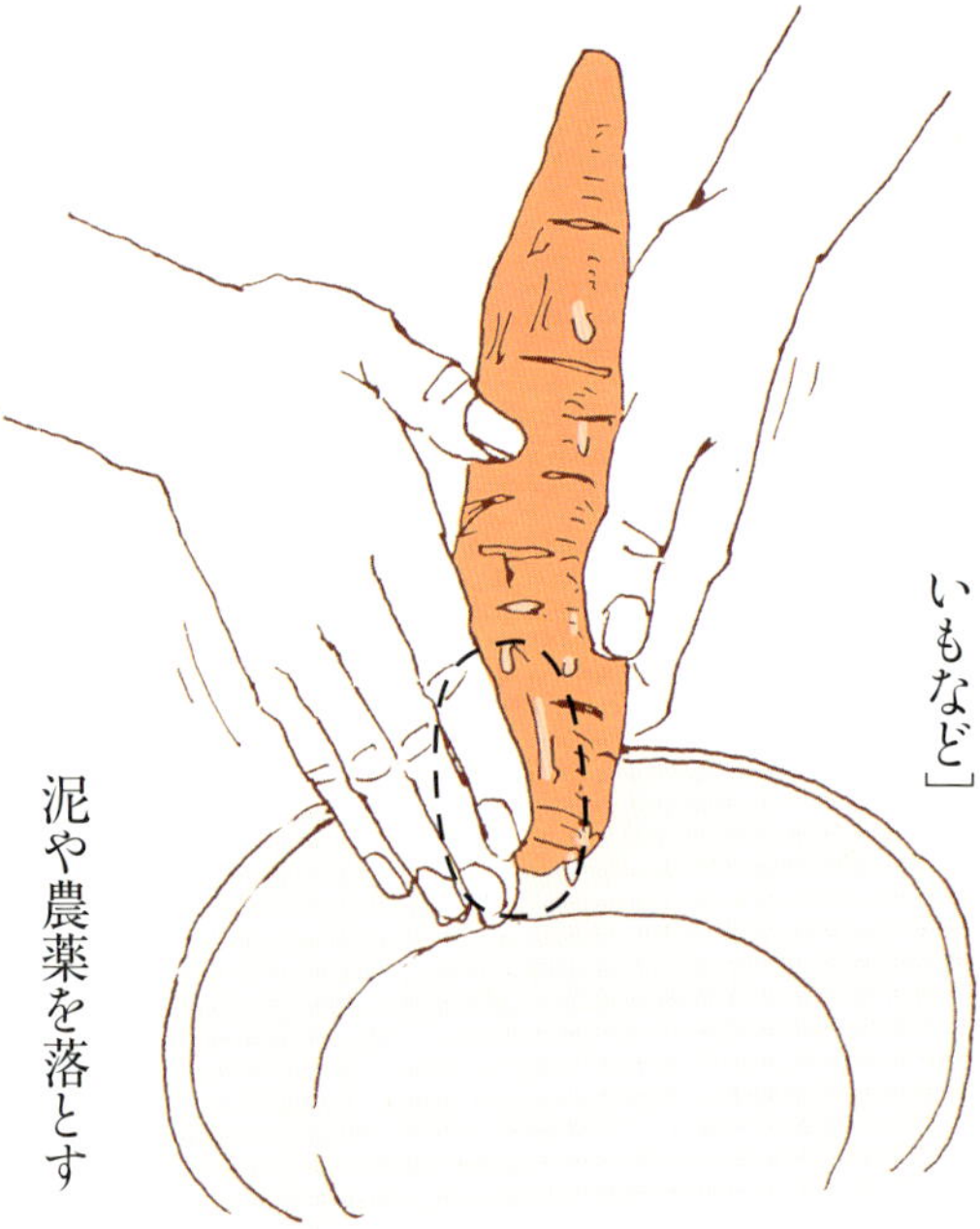

泥や農薬を落とす

効果（ふり洗い）

① 泥汚れを落とす。

効果（すり洗い）

① 表面の泥や農薬を落とす。

ごぼう、れんこん、じゃがいもなどの根菜はたわしやスポンジで洗ってもよい

コツを解剖

ほうれん草や小松菜など葉野菜は、たっぷりの水中で左右に揺らしてふり洗いする。根元の茎の重なったところに泥が入りこんでいるので、ふって汚れを落とす。葉にも汚れがついているので、同様に。

大根やにんじんなどの根菜、きゅうりやトマトといった果菜はしっかりすり洗いし、泥や農薬を落とす。ごぼうや里芋などは、スポンジやたわしを使ってもよい。ごぼうは皮に香りがあるので白くなるほど洗う必要はない。

2

野菜の千切りは一度水につける

冷たい水に短時間つける。

［キャベツ、きゅうり、レタスなど］

効果

① 歯切れがよくなる。
② 変色を防止する。
③ アクが抜ける。

● 料理例
コールスロー、サラダなど

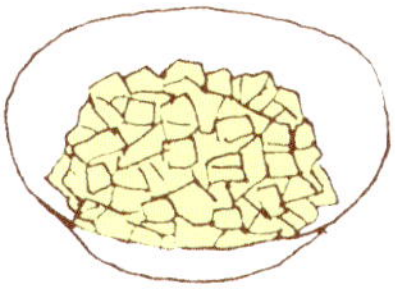

コツを解剖

植物細胞の壁は、浸透圧によって小さい分子が細胞内外に移動できるようになっている。細胞内液の浸透圧は、0・85%食塩水と同程度。水につけると水が細胞内に入り、細胞壁はパンパンに膨張する。これが野菜のパリッとした食感をうむ。

また、水につけることで酵素との接触が絶たれ、変色を防ぎ、水溶性のアク成分も除去できる。しかし、長く水につけると水溶性のビタミンB群、ビタミンCが溶出する。

3

野菜、タテに切るか、ヨコに切るか

サラダや炒め物など
シャキッと感を
楽しみたいときは
繊維に沿ってタテに切る。

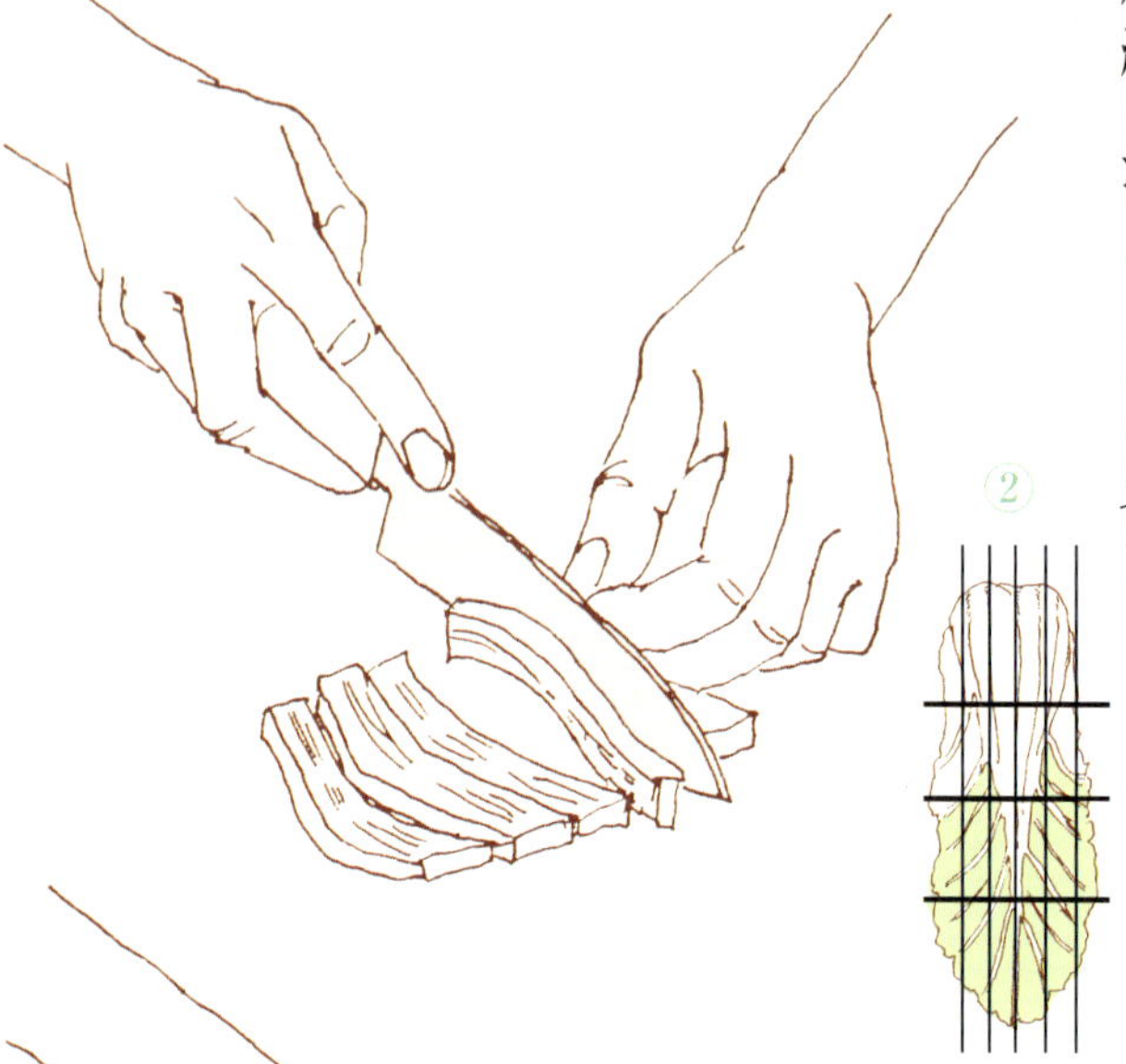

煮物、スープなど
火を通すときは
繊維と垂直でヨコに切る。

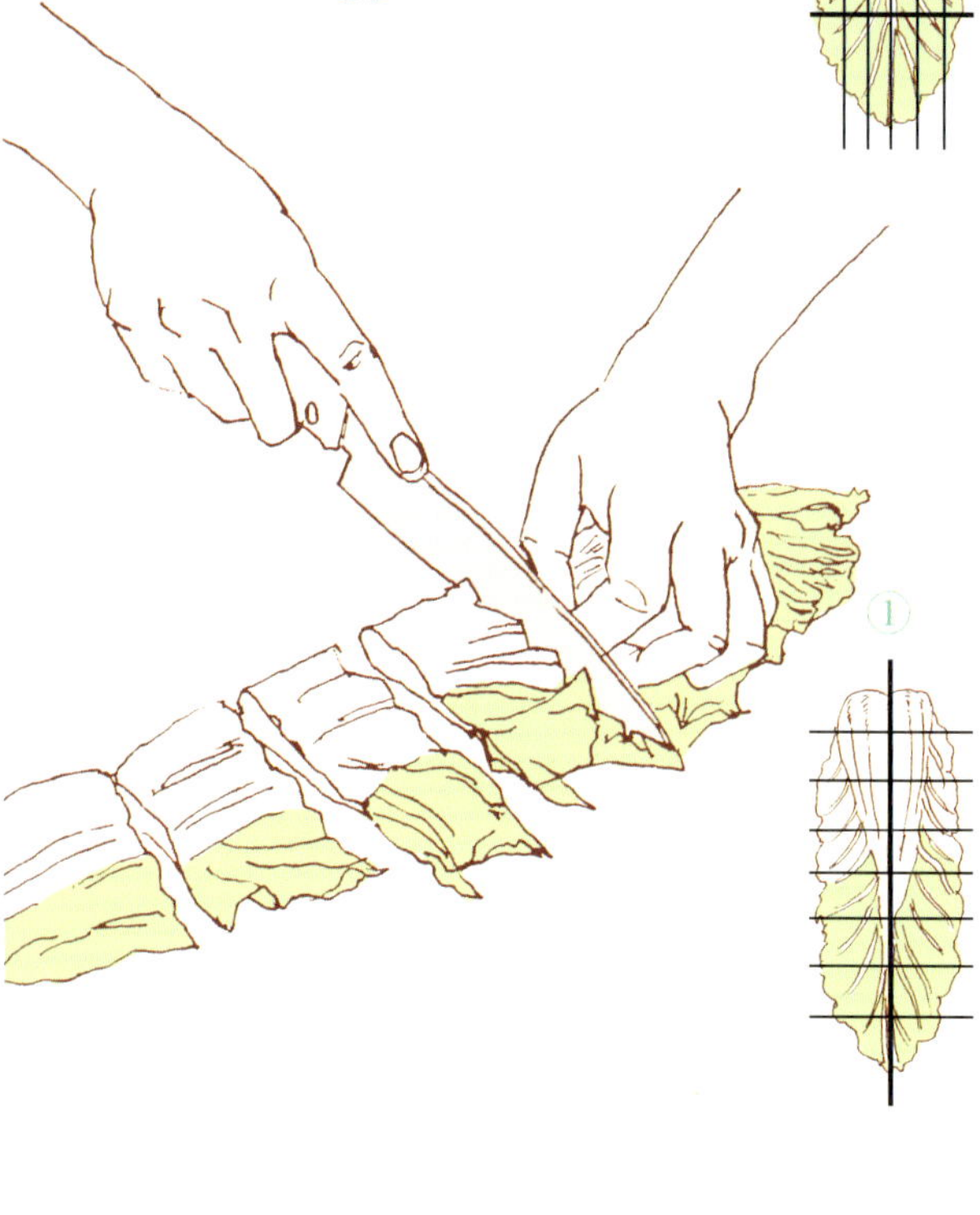

効果（タテ切り）

①シャキッとする。

効果（ヨコ切り）

①火が早く通る。

●料理例（タテ）
サラダ、
チンジャオロース
など

●料理例（ヨコ）
肉じゃが、
シチューなど

コツを解剖

野菜の切り方を変えるだけで、味や食感も変わる。

野菜の食感を残したければ、繊維に沿ってタテに切る。大根やキャベツの千切りは、タテに切る方がシャキシャキした食感になる。そのため、生のままサラダで食べる場合などはタテに切った方がよい。

一方、繊維を断つようにヨコに切ると、食感は失われる。しかし、塩をふったときに早く脱水される、火の通りが早いといった利点がある。

4

レタスは包丁でなく手でちぎる

食べやすい大きさに手でちぎる。

①

効果

ドレッシングが絡みやすい。

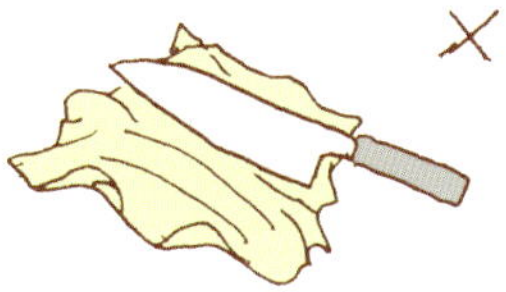

鉄の包丁で切ると断面が黒ずみやすい

コツを解剖

サラダなどの料理にレタスを使う際は、食べやすい大きさに手でちぎって使う。これは、断面を荒くし、表面積を広げるため。こうすることによって、ドレッシングなどの調味料が絡みやすくなる。

また、レタスはケルセチンなどのポリフェノールを多く含んでいる。このポリフェノールは、鉄に反応して黒くなるため、鉄の包丁を使うと断面が黒ずんでしまう場合がある。

5

丸ごとのじゃがいもは水からゆでる

水から
ゆっくり
加熱する。

効果

①中まで均一に火が通り煮崩れしにくくなる。

●料理例
粉ふきいもなど

コツを解剖

丸ごとゆでたり、大きめに切ったじゃがいもをゆでる場合、必ず水からゆでる。

お湯から入れると表面はすぐに加熱されるが、中まではなかなか火が通らない。芯まで火が通る前に表面がやわらかくなって、煮崩れしてしまう。しかし、水からゆでて徐々に温度を上げることで、内部と外部の温度差が少なくなる。

また、丸ごとや大きく切ることで、水溶性の成分が逃げにくくなる効果もある。

6

緑黄色野菜をゆでるときは、ふたをしない

［ほうれん草、小松菜など］

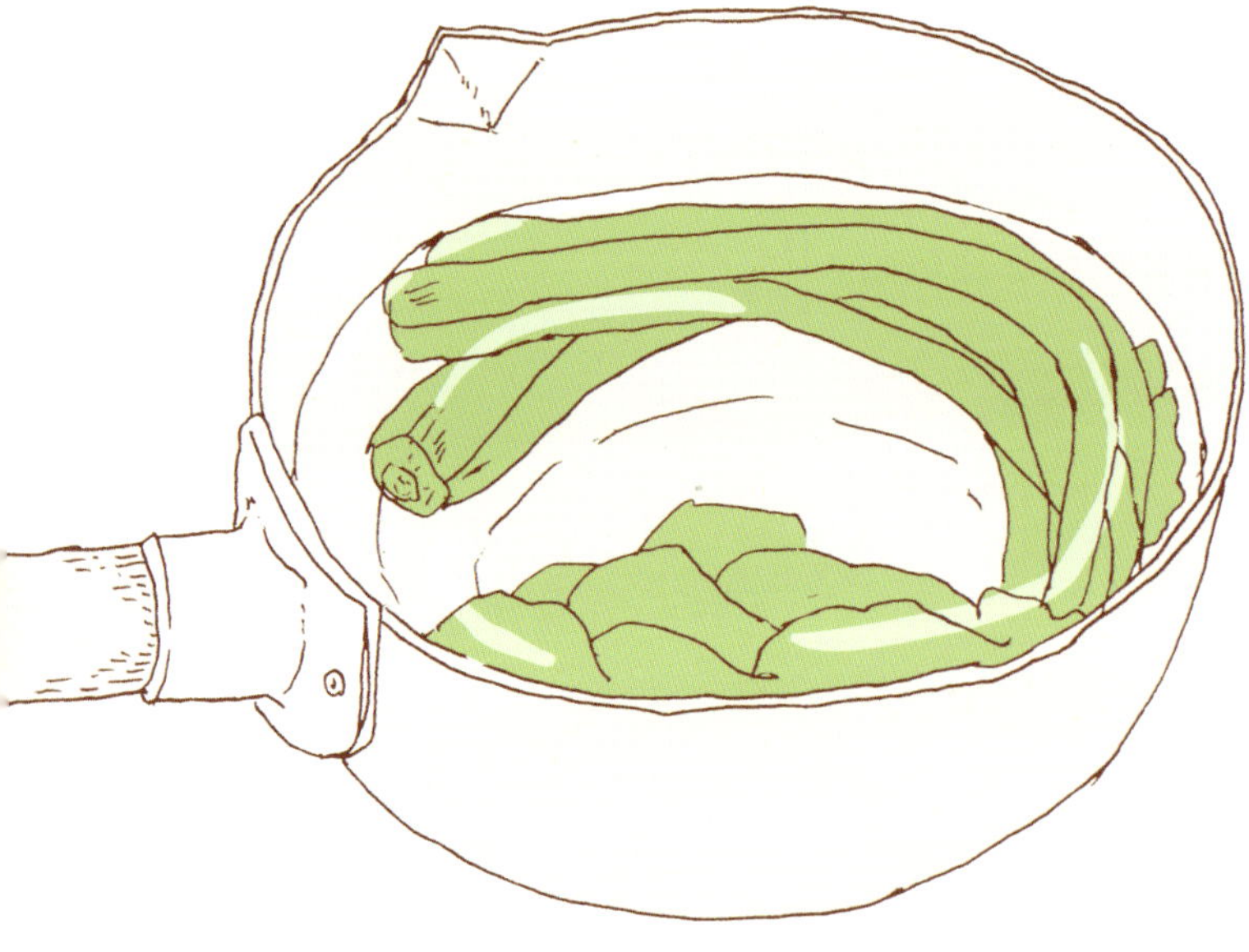

ゆで上がったものを水で急速に冷やすと、彩りがよりよくなる

①

効果

野菜の色味の悪化を防ぐ。

ふたをしないで
揮発させる

コツを解剖

緑黄色野菜には、酢酸やシュウ酸といった有機酸が含まれている。加熱によって組織が壊されるとこれらが溶け出し、ゆで汁を酸性にする。すると、野菜の色は悪くなる。しかし、これらの有機酸は揮発性。ふたをしなければ揮発するので、ゆで汁が酸性に傾くのを防いでくれる。

より彩りよく仕上げたい場合は、ゆで上がったものを水で急速に冷やし、色止めするとよい。冷えたらすぐ水気を切る。

7

れんこん、ごぼう、うどなどを加熱するとき、ゆで汁に酢を加える

具材に対して2～3％の酢を入れる。

効果

①白く仕上がる。

②歯ごたえが残る。

●料理例
白煮、すばす、花れんこんなど

コツを解剖

アクの強いれんこんやごぼうは、切ったあと酢水につけるのと同じように、ゆでるときに酢を加えても白く仕上がる。また、れんこんやごぼう、うどなどは、酢を加えて加熱することで口当たりがややわらかくなりすぎるのを防げる。これは煮汁を弱酸性にすることで、細胞をくっつけているペクチンの分解を起こしにくくするため。加える酢の量は、具材の2〜3%ほど。

8

ほうれん草をゆでるとき、塩を入れる

［ほうれん草、小松菜など］

塩は野菜を入れる前にお湯に溶かしておく。

①

効果

緑色が鮮やかになる。

●料理例
ほうれん草のおひたし、小松菜のごまあえなど

コツを解剖

ほうれん草などの青菜には、緑色色素クロロフィルが含まれている。塩のナトリウムはクロロフィルのマグネシウムと置き換わるので、褐色に変色するのを防ぎ、より鮮やかな緑色に仕上げる働きがある。

塩の量は、ほうれん草の5～10倍のたっぷりのお湯に対して、0.5%程度。

クロロフィルは熱に弱いので、色をきれいにしたい場合は水にとって冷ますとよい。

9

煮崩れしにくい、いも

①

効果

煮崩れを防ぐ。

●料理例
カレー、シチューなど

コツを解剖

じゃがいもには、でんぷんの多い粉質いもとでんぷんの少ない粘質いもがある。粘質いもはペクチンが分解されたり、溶け出したりしにくい。そのため、カレーや肉じゃがなど、煮崩れさせたくなければ、粘質いもを使った方がいい。粘質いもにはメークイン、インカのめざめなどがある。

一方、男爵やキタアカリといった粉質いもはホクホクとした食感が特徴。こちらはマッシュポテトや粉ふきいもに適している。

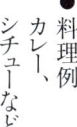

10

じゃがいも、さつまいもの裏ごしは、熱いうちに

熱いうちに手早く。

※フードプロセッサー、マッシャーでも同じ

効果

① 粘りが出るのを防ぐ。

② ラクに裏ごしできる。

●料理例
マッシュポテト、きんとんなど

コツを解剖

じゃがいもやさつまいもはゆでたら熱いうちに裏ごししたり、潰すのが鉄則。マッシュポテトなどの粘りは、糊化でんぷんが細胞から流出することによって起きる。

加熱によって細胞壁のペクチンは流動性が高まる。熱いうちは細胞の中に糊化でんぷんが閉じ込められたままなので、細胞同士が離れやすい。しかし、冷めるとペクチンは固まり、無理に裏ごしすると細胞膜が破け、糊化でんぷんが流出する。

11

ドレッシングと野菜の相性

野菜

お肉
魚
卵
ごはん・パン・麺
下準備
調理
味付け
調理器具
食べ合わせ
飲み物
保存
食材選び

①

効果

脂溶性ビタミンの吸収を上げる。

●料理例
トマトサラダ、温野菜のサラダなど

コツを解剖

ノンオイルドレッシングが一番ヘルシーと思われがち。しかし、脂溶性であるビタミンA、D、K、Eは、油に溶けて小腸から吸収される。そのため、カロテン豊富なにんじん、ほうれん草などの緑黄色野菜を食べるときは、油脂を含むマヨネーズやドレッシングを使ったほうがいい。

ただ、酢と油を混ぜただけのフレンチドレッシングは分離しやすい。良くふり混ぜて使うか、マヨネーズを混ぜるとよい。

12

果物がおいしいのは、常温か、冷やすか？

少し冷やす。

①

効果
甘みが強くなる。

冷やすと……

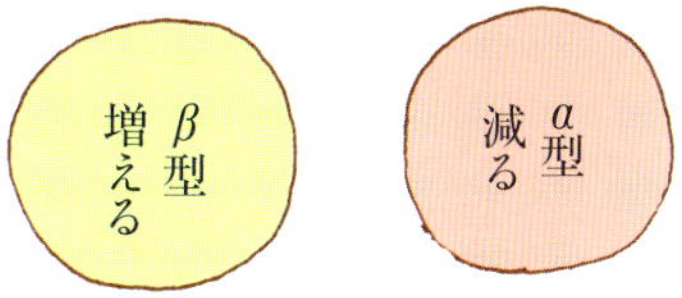

甘みが強くなる

コツを解剖

果物の甘味物質である果糖、ブドウ糖は、甘みの弱いα型と甘みの強いβ型という2つの化学構造をもつ。これらは温度の変化によって甘みを変える。低温ではα型が減りβ型が増えるため甘みが増し、高温だとα型が増え、β型が減るので酸味が強くなる。ただし南国系の果物は冷やしすぎると低体温症を起こすので、食べる1時間前位に冷蔵庫へ。果物の清涼感は甘みを際立たせ、口腔内で温めることで香りも広がる。

13 すぐ食べたほうがいい果物、少し置いておいたほうがいい果物

置いておく果物。

［バナナ、りんご、マンゴーなど］

すぐ食べる果物。

［ぶどう、みかん、ブルーベリー、いちご、パイナップルなど］

効果（置いておく果物）

①甘さが増す。

効果（すぐ食べる果物）

①置いておいても甘さが増さず新鮮なほどおいしい。

時間がたつと……

コツを解剖

りんごは成熟ホルモンであるエチレンガスを出す食べ物として知られるが、多くの果物がこれを持っている。そして、エチレンガスによって収穫後も追熟する果実をクライマクテリック型と呼ぶ。なかでもバナナやりんご、マンゴーなどは、熟すことで甘みを増す。

一方、柑橘類やベリー類、パイナップルなどの非クライマクテリック型は、収穫後に熟すことがない。そのため、あとは腐るだけなので早めに食べる。

14

りんごを切ったあと、塩水にさらす

① 切る。

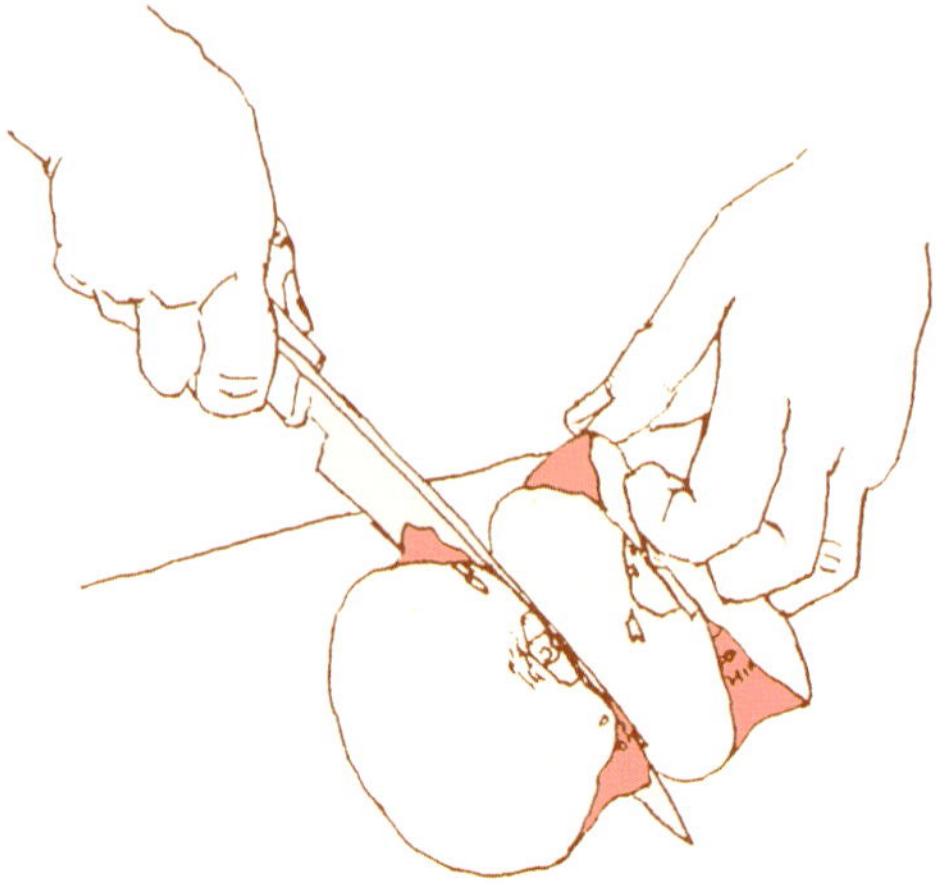

② 1%の塩水に20〜30秒つける。

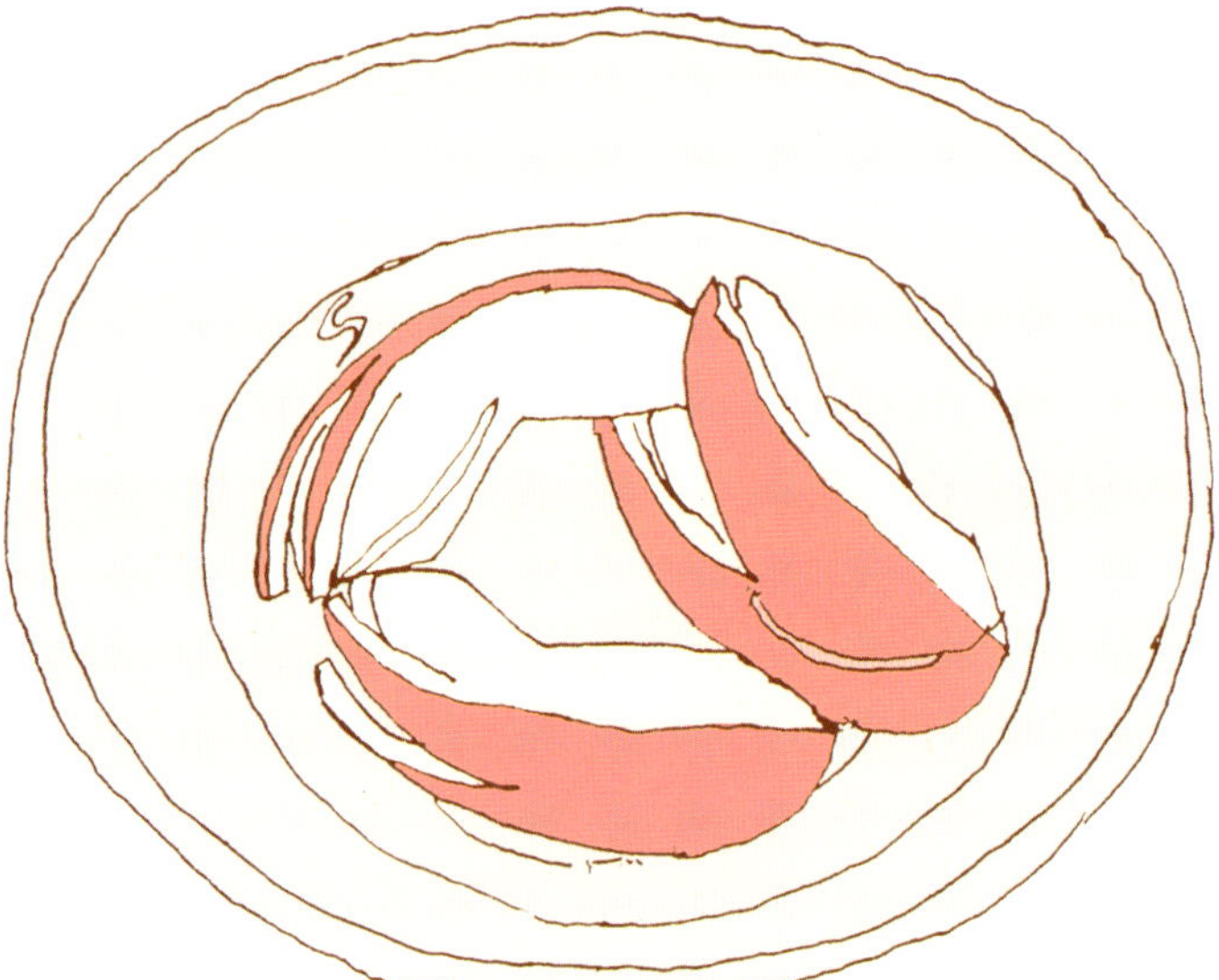

①

効果

変色を防ぐ。

● 料理例
りんごなど

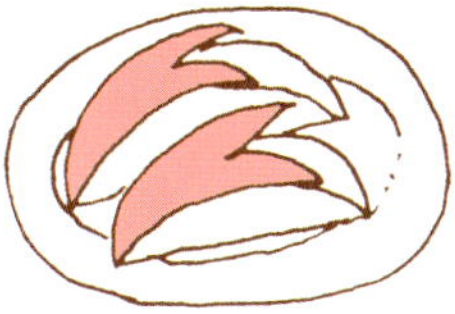

コツを解剖

ポリフェノール系物質とオキシダーゼという酸化酵素を併せ持つりんごは、切り口が酸化によって変色しやすい。塩水につけると、この酸化酵素の働きを止めることができる。切ったらすぐに1％程度の塩水につける。あまり長時間つけると水溶性ビタミンまで溶け出してしまうので、時間は20～30秒。長くても5分程度で十分。

塩味がつくのが嫌なら、レモン汁や酢を利用してもいい。

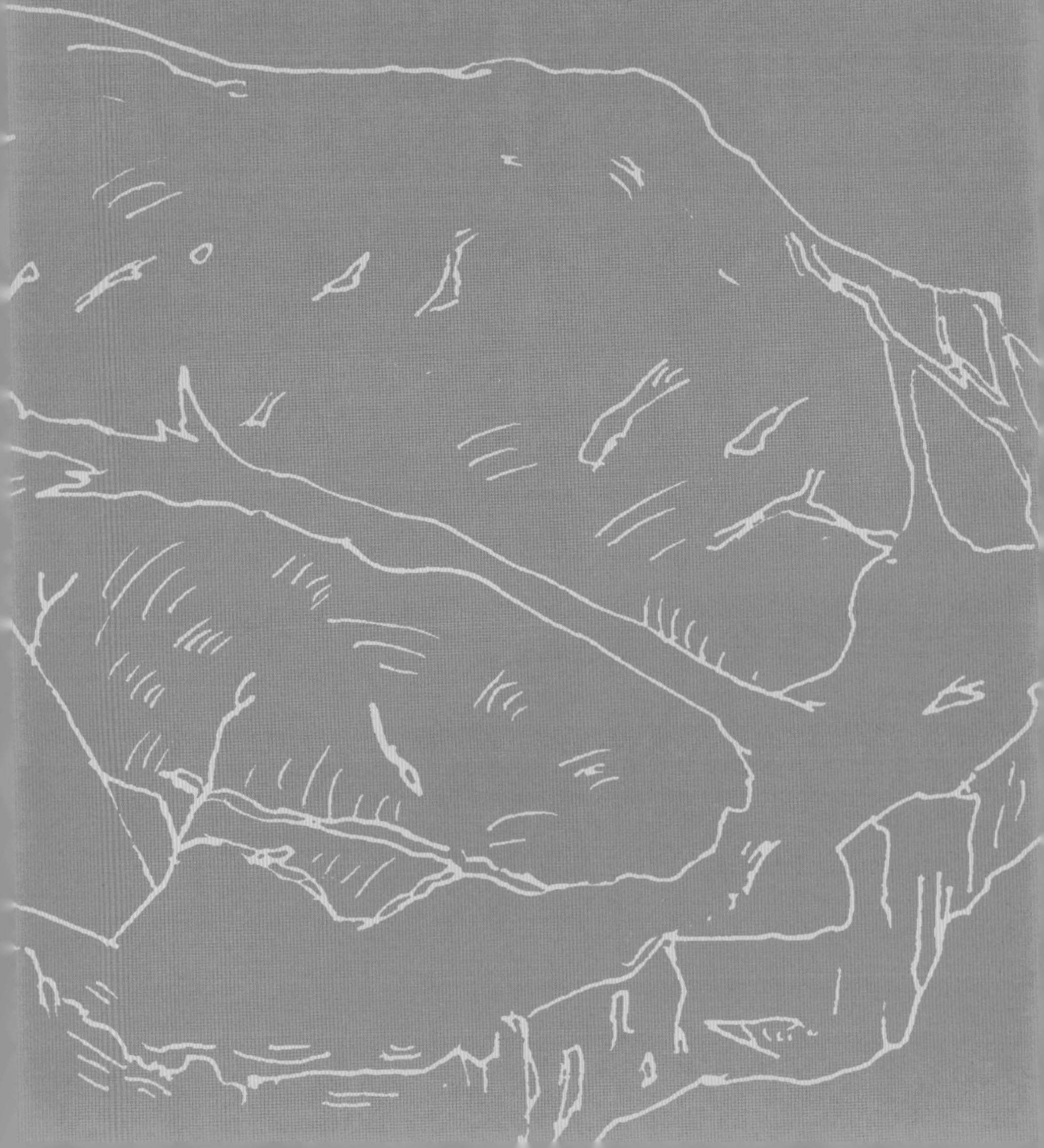

お肉のコツ

ステーキ、とんかつ、ハンバーグ……
献立のメインを飾ることの多いお肉。
カタくなったり、パサパサになったり、
お肉料理で失敗しないコツを紹介します。

15

肉は調理30分前に冷蔵庫から出し常温に

パックのままでOK。

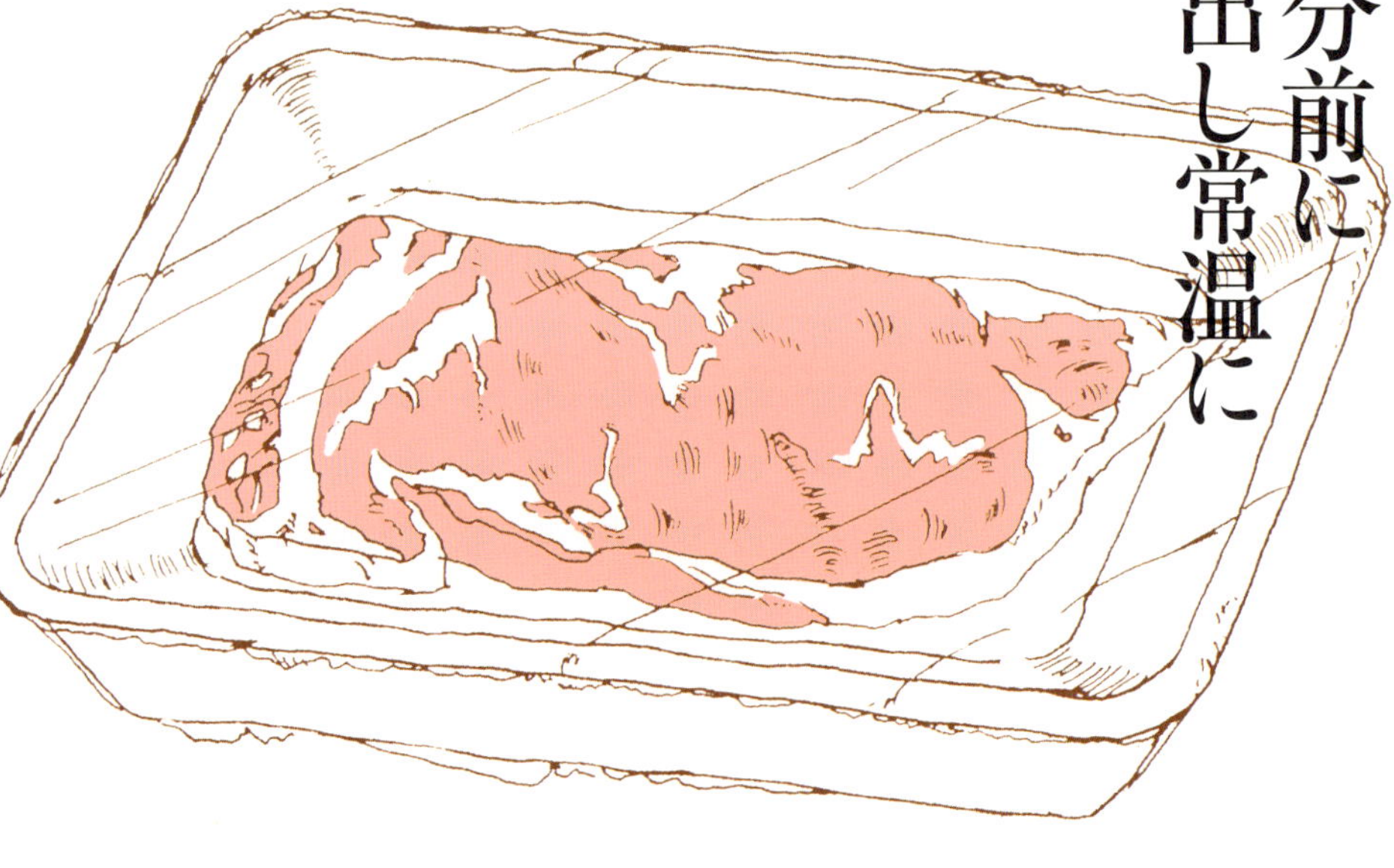

① 効果 火がしっかり通る。

●料理例
ローストビーフ、ステーキ、ポークソテーなど

コツを解剖

冷蔵庫から出したばかりの肉は、冷たすぎる。肉を焼くときは表面を一気に焼いてたんぱく質を凝固させるため、表面と中心部の温度差は大きくなる。そのため、中まで火を通すのに時間がかかる。するると、中まで火が通る前に表面は焦げてしまう。調理時間が長くなりすぎると、その分脂や肉汁、旨みも抜けてしまう。

それを避けるため、肉は調理する30分前には冷蔵庫から取り出し、室温前後にしておく。

16 調理前にお肉をたたく

肉叩きでたたく。

なければ麺棒、ビール瓶などで代用可。

① たたくときは広げるように。

② たたき終わったら広げた分を戻すように形を整える。

①

効果

肉がやわらかくなる。

●料理例
ステーキ、とんかつなど

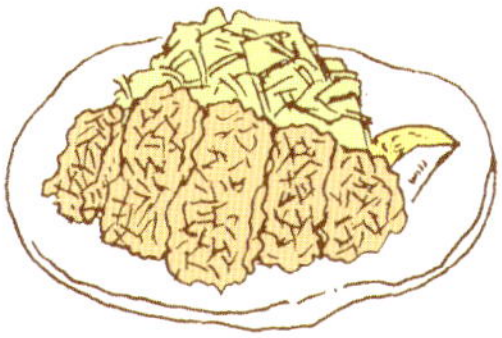

コツを解剖

肉は加熱すると筋原線維たんぱく質が凝固し、コラーゲンが収縮するため、全体的に小さくなって、湾曲し反り返ったりする。この焼き縮みを防ぐのが、調理前の肉たたきだ。肉叩きがない場合は包丁の背でもよい。繊維に対して直角に背を当て、表と裏を20回ほど格子状にまんべんなくたたく。筋の部分は包丁で切る。こうやって繊維を断つことで、加熱しても肉が収縮せず、やわらかくなり、形も保てる。

17

お肉を切るときは繊維と垂直に切る

繊維と直角の方向に切る。

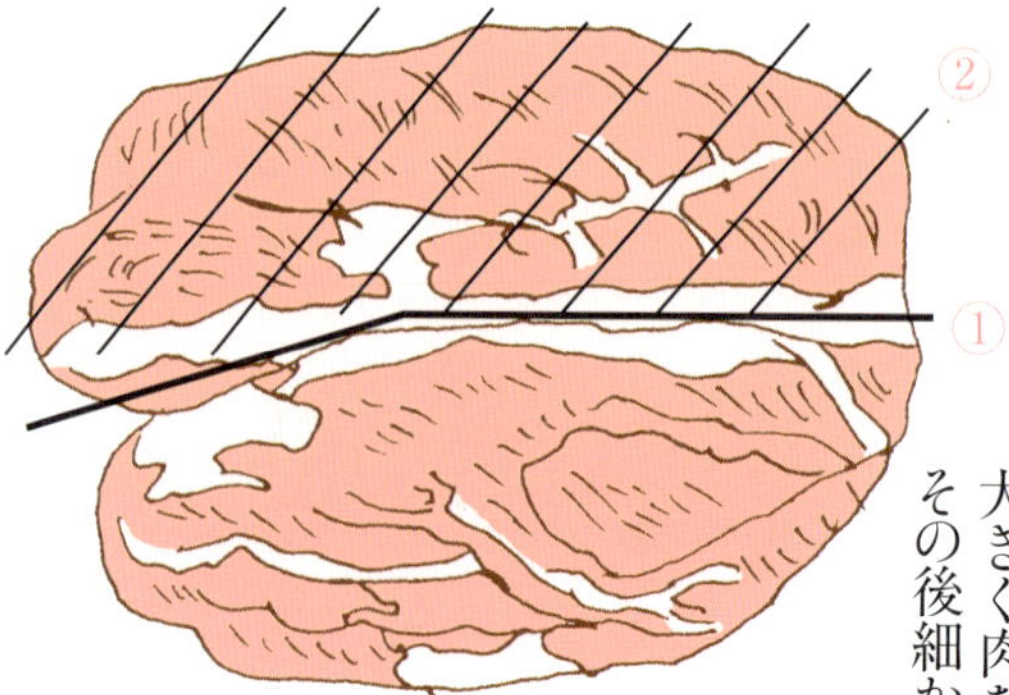

［牛肉］

まず繊維に沿って大きく肉を分けて、その後細かく切る。

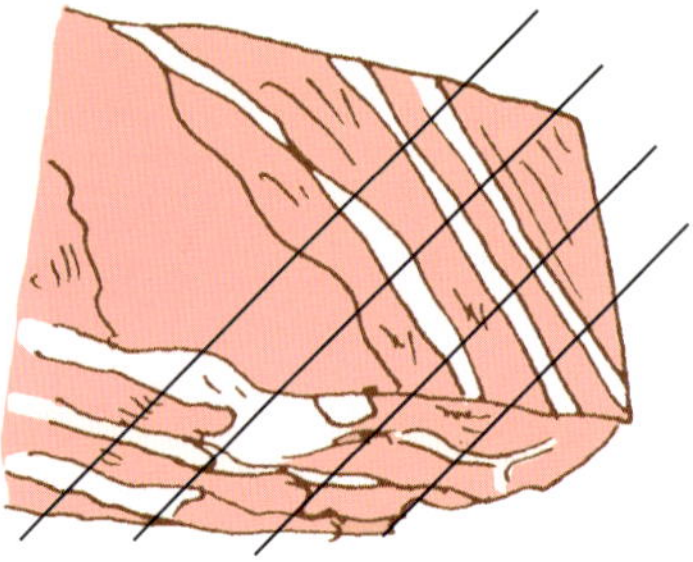

［豚肉］

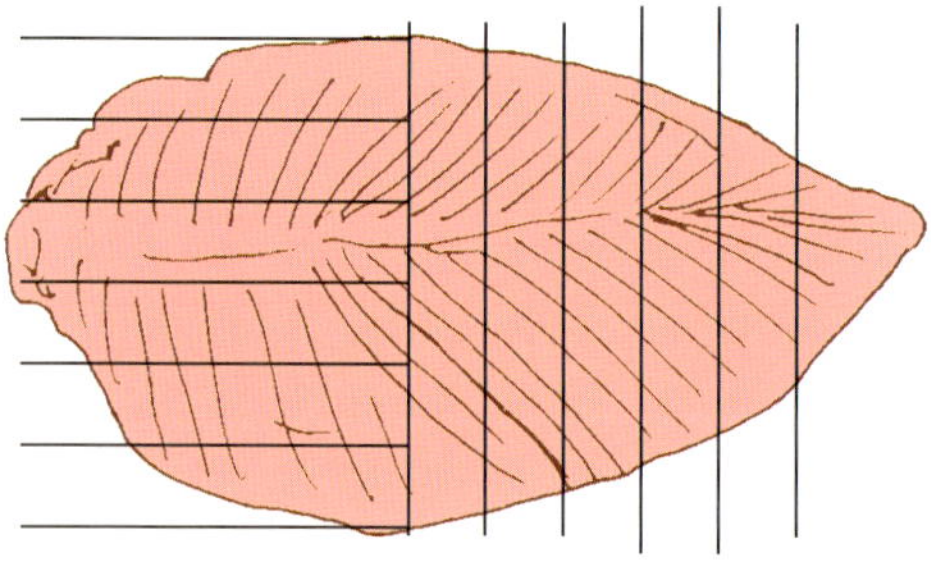

［鶏むね肉］

①

効果

やわらかくなり食べやすい。

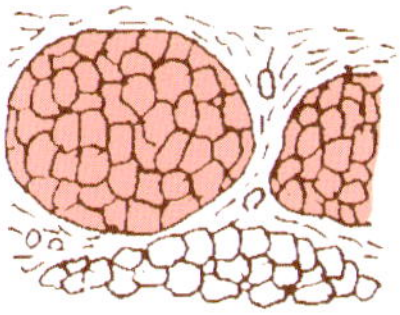

繊維と垂直に切ったときの切断面

コツを解剖

どんないい肉も、切り方ひとつでカタくもやわらかくもなる。そもそも、肉はミオシンやアクチンといった繊維のかたまり。それも、魚に比べて長く、丈夫な筋繊維なので、そのままだとカタくて食べにくい。そこで、肉を切るときは繊維をなるべく短くするため、繊維と垂直になるように切る。牛肉は、まず繊維に沿って大きく切り分けてから、繊維と垂直に細かく切っていくとよい。こうすることで、熱の通りもよくなる。

18

肉に火を通す前に、切り目を入れる

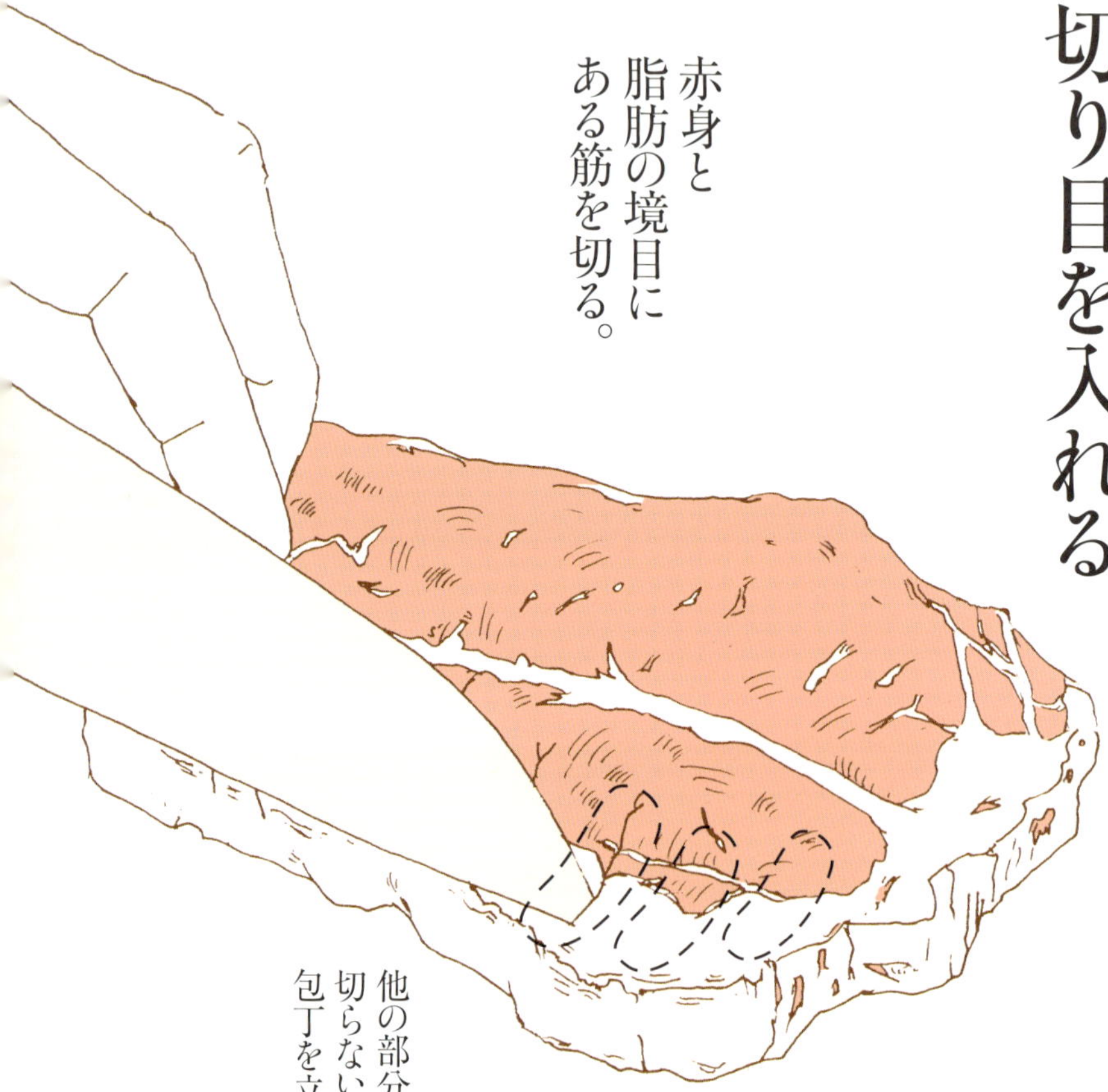
他の部分を切らないよう包丁を立てて切る

効果

① 均一に火が通る。

② 肉が縮んで変形するのを防ぐ。

●料理例
ビーフステーキ、とんかつなど

コツを解剖

肉を焼くとたんぱく質が熱変性を起こし、繊維が収縮するため、肉が小さくなったり、変形してしまう。その焼き縮みを防ぐため、ステーキなど肉を調理するときは、加熱前に肉をたたく。

しかし、肉たたきで繊維は切れても、筋までは切れない。赤身と脂身の間にカタい筋があるので、それを切るように包丁で切り目を入れる必要がある。筋切りをすることで、肉が変形せず、均一に火を通すことができる。

19

牛肉は好みで、豚肉はしっかり火を通す

［牛肉］レアでも可。

［豚肉］中まで火を通す。

効果（牛肉）
①肉の旨みを楽しめる。

効果（豚肉）
①寄生虫を除去できる。

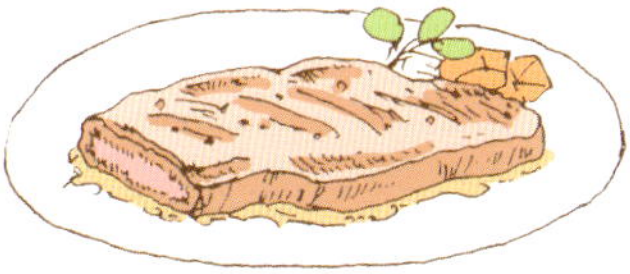

●料理例
牛ステーキ、ポークステーキなど

コツを解剖

肉はもともと生でも食べることができる。しかし、豚肉の場合は寄生虫や病原菌がいる危険性があるため、中までしっかりと火を通す必要がある。厚切りの豚肉はハンバーグと同じように最初強火で焼いてから火を弱め、じっくり焼くとよい。

一方、牛肉は肉の旨みを味わうもの。厚切りにしてレアやミディアムなど、焼き加減を変えて楽しむことができる。

20

カタい肉をワインに漬けてから、煮込む

①

半日~1日漬け込む。

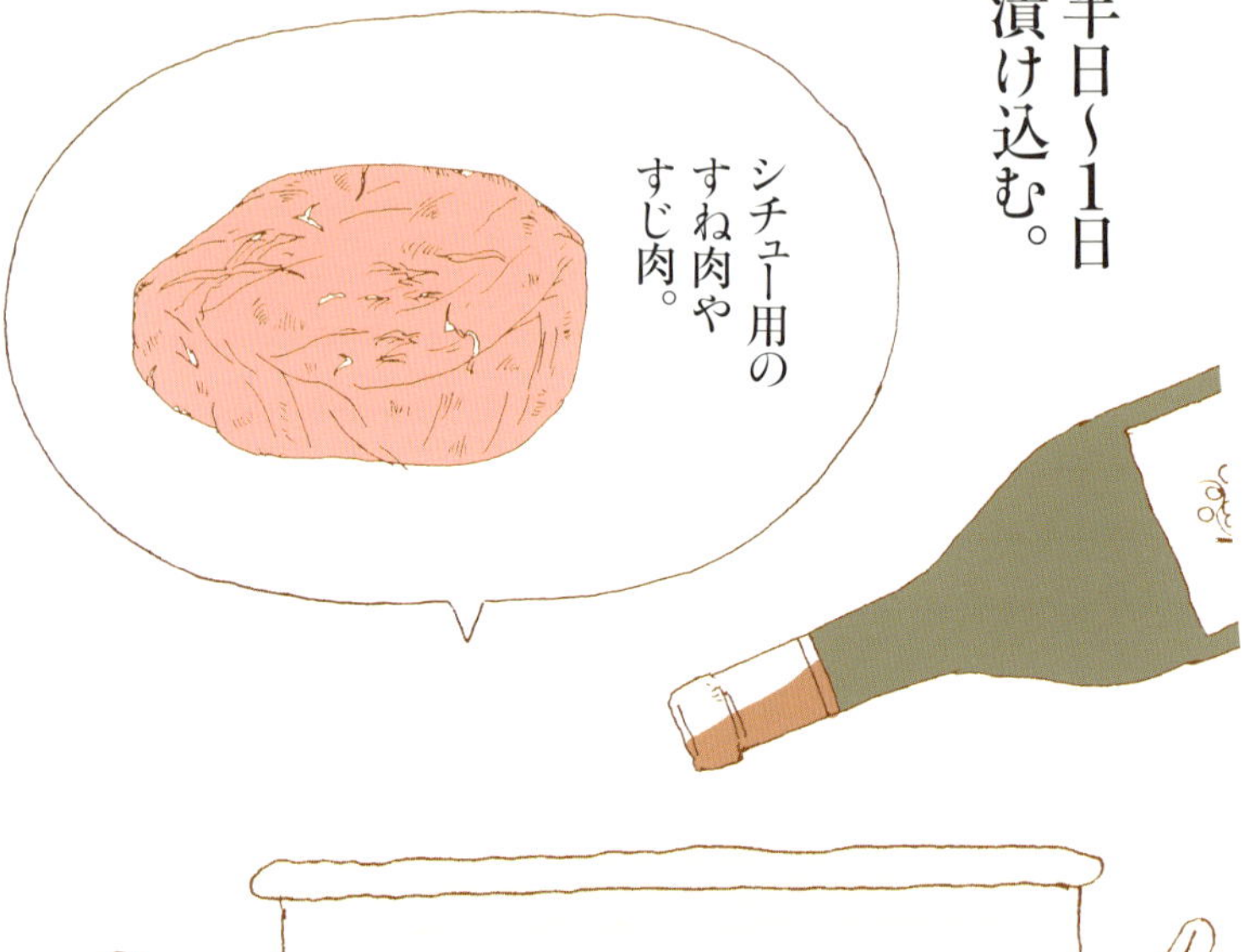
シチュー用のすね肉やすじ肉。

②

煮込む。

野菜
お肉
魚
卵
ごはん・パン・麺
下準備
調理
味付け
調理器具
食べ合わせ
飲み物
保存
食材選び

①

効果

たんぱく質をやわらかくする。

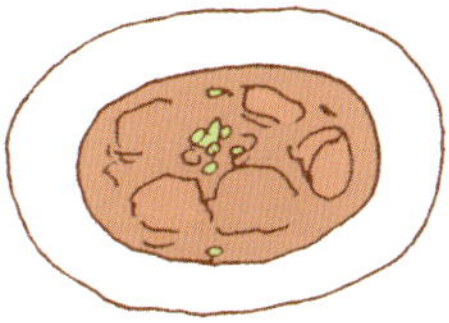

●料理例
ビーフシチュー、カレーなど

コツを解剖

肉基質たんぱく質の主成分で、筋肉の束を包む膜状のコラーゲンは、非常にカタいたんぱく質。しかし、酸性の液体に漬けておくとやわらかくなる性質がある。さらに、コラーゲンは長時間加熱することでゼラチンに分解され、ほぐれやすくなる。そのため、食べたときにやわらかく感じる。

逆に、ステーキなどの短時間加熱ではコラーゲンが収縮し、ゴムのようにカタくなってしまう。

21

牛肉、どこをどう食べる？

ヒレ

一頭から取れる量が少ないため、高級品と言われる。牛肉の中でもっともやわらかいシャトーブリアンがあるのもこの部位。ステーキによい。

サーロイン

ステーキの部位として人気のサーロイン。霜降りも多く、肉質はやわらかい。しゃぶしゃぶやすき焼きにしてもよい。

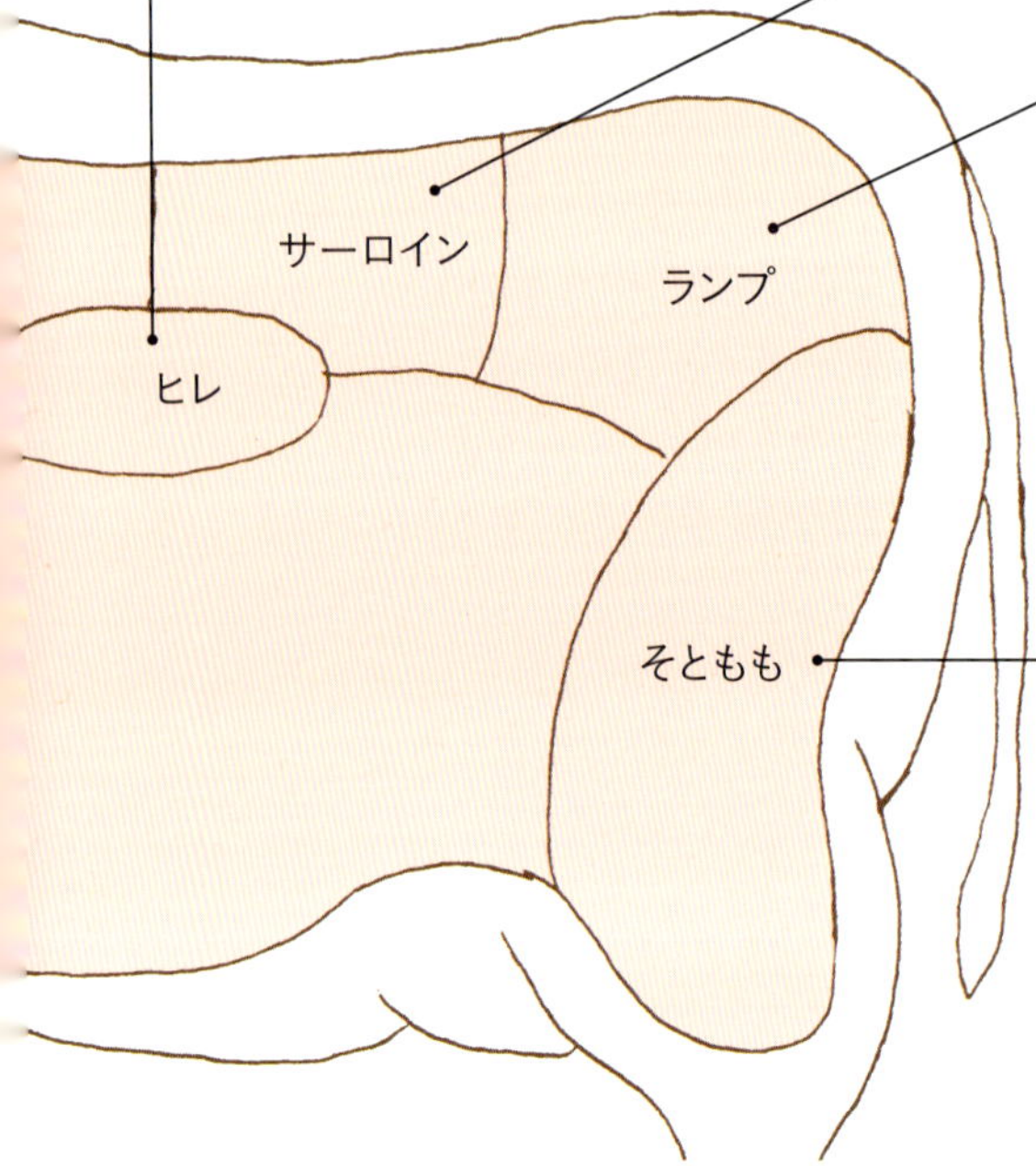

ランプ

腰からお尻にかけての部位。やわらかく、風味もよいので、どんな料理でも合う。ローストビーフ、ステーキなどに。

そともも

後ろ足の付け根の部分。脂質が少ないため、肉質はカタめ。薄切りにして炒め物や焼肉。ひき肉にしてハンバーグにしたりも。

コツを解剖

ステーキに適しているのは、肉質が柔らかく、脂質の多いサーロイン。脂肪の少ないヒレ。もっとも霜降りになりやすいリブロースは、薄切りですき焼きやしゃぶしゃぶにしてもいい。

脂肪が少なく、旨味成分が豊富な肩は、カレーやシチューなどの煮込み料理に。ランプは、ローストビーフなどに最適。赤身と脂肪が層になっているばらは、薄切りで焼肉にしたり、ブロックで角煮にするとよい。

リブロース

赤身と脂肪のバランスがいい。ステーキにしてもよいが、霜降りになりやすいので、薄切りにしてすき焼きやしゃぶしゃぶにするとおいしい。

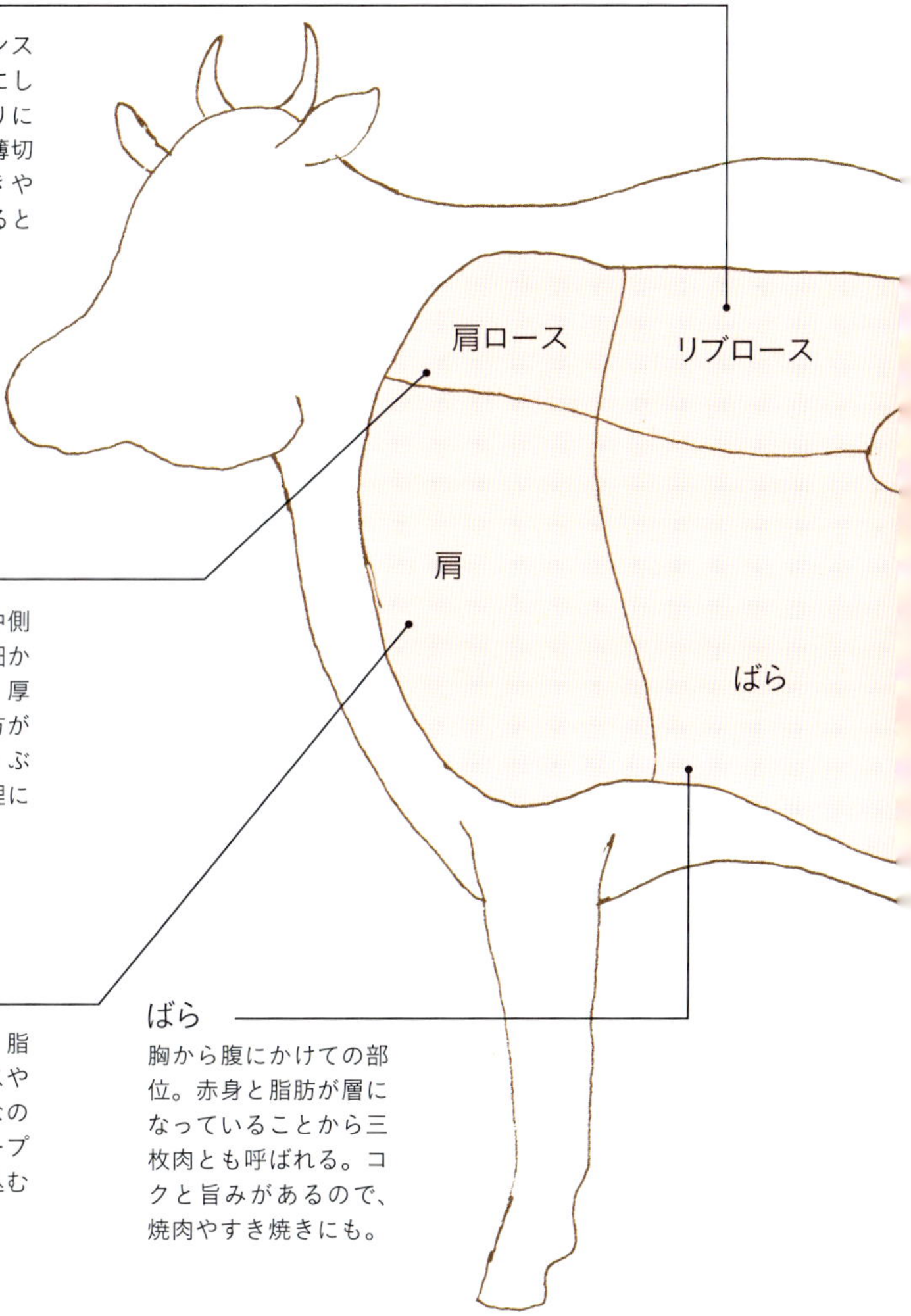

肩ロース

頭部に一番近い背中側の肉。肉質はきめ細かい。筋が多いので、厚切りより薄切りの方が向いている。しゃぶしゃぶや煮込み料理にもよい。

肩

たんぱく質が多く、脂質が少ない。エキスやゼラチン質が豊富なので、シチューやスープなど、じっくり煮込むとよい。

ばら

胸から腹にかけての部位。赤身と脂肪が層になっていることから三枚肉とも呼ばれる。コクと旨みがあるので、焼肉やすき焼きにも。

22 豚肉、どこをどう食べる？

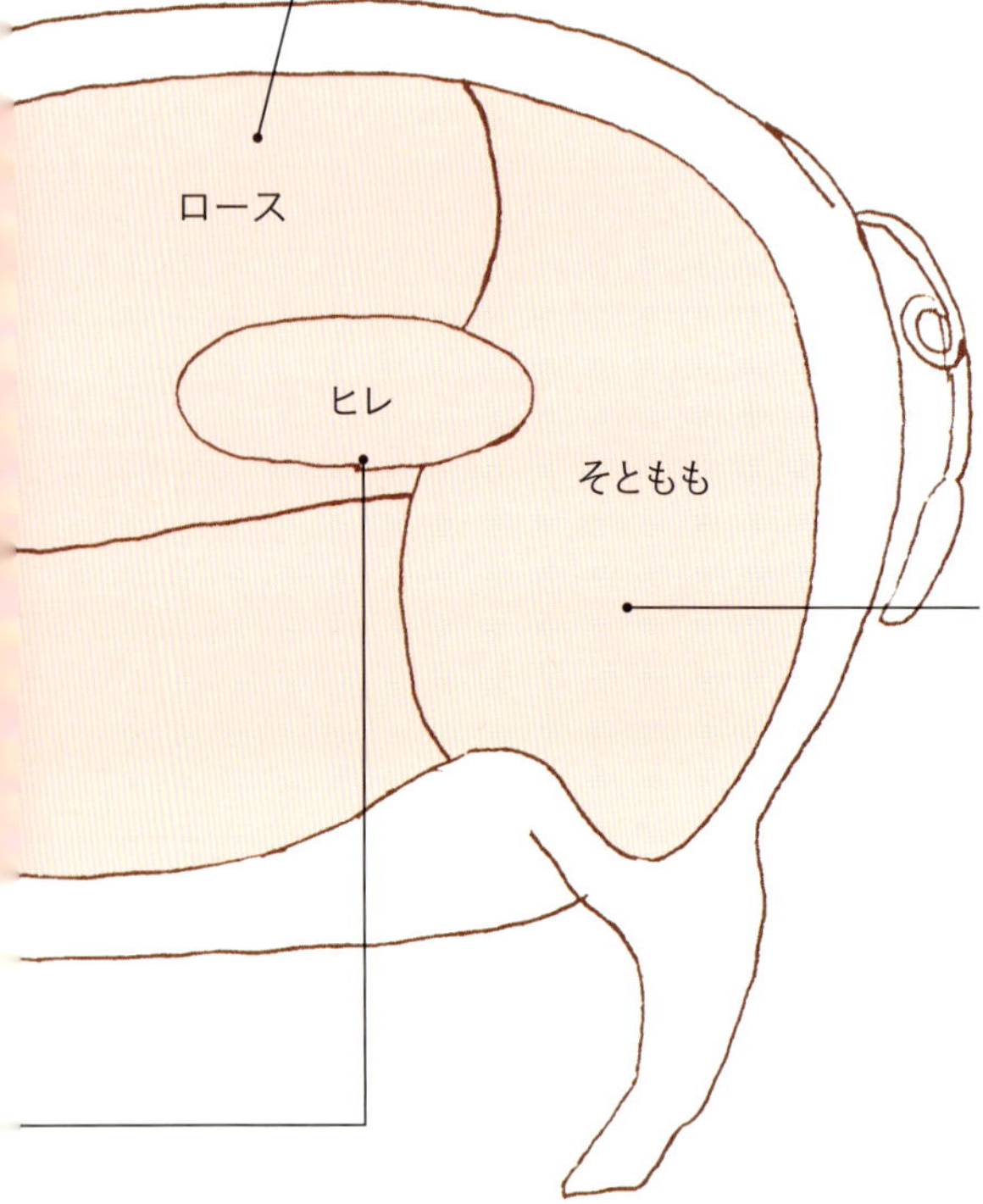

ロース
脂肪と赤身がはっきり分かれた部位で、やわらかい肉質。しゃぶしゃぶ、ソテー、とんかつ、ハムなどに向いている。

そともも
ゆで豚や焼豚など、かたまりで調理するのもオススメ。赤身でビタミンB1が多い。薄切りにして豚汁などにするのもよい。

コツを解剖

あっさりしたヒレは、とんかつなど油との相性がいい。

サムギョプサルなどの焼肉や鍋でお馴染みの豚ばらは、やわらかく、コクがある。ベーコンにも使われるし、骨付きのスペアリブは煮込み料理にしてもいい。

赤身の多い肩や肩ロースは、煮込み料理やひき肉に。きめ細かく、柔らかなロースは、ハムやソテーに適している。そとももは、ボンレスハムからシチュー、豚汁など、どんな料理にも合う。

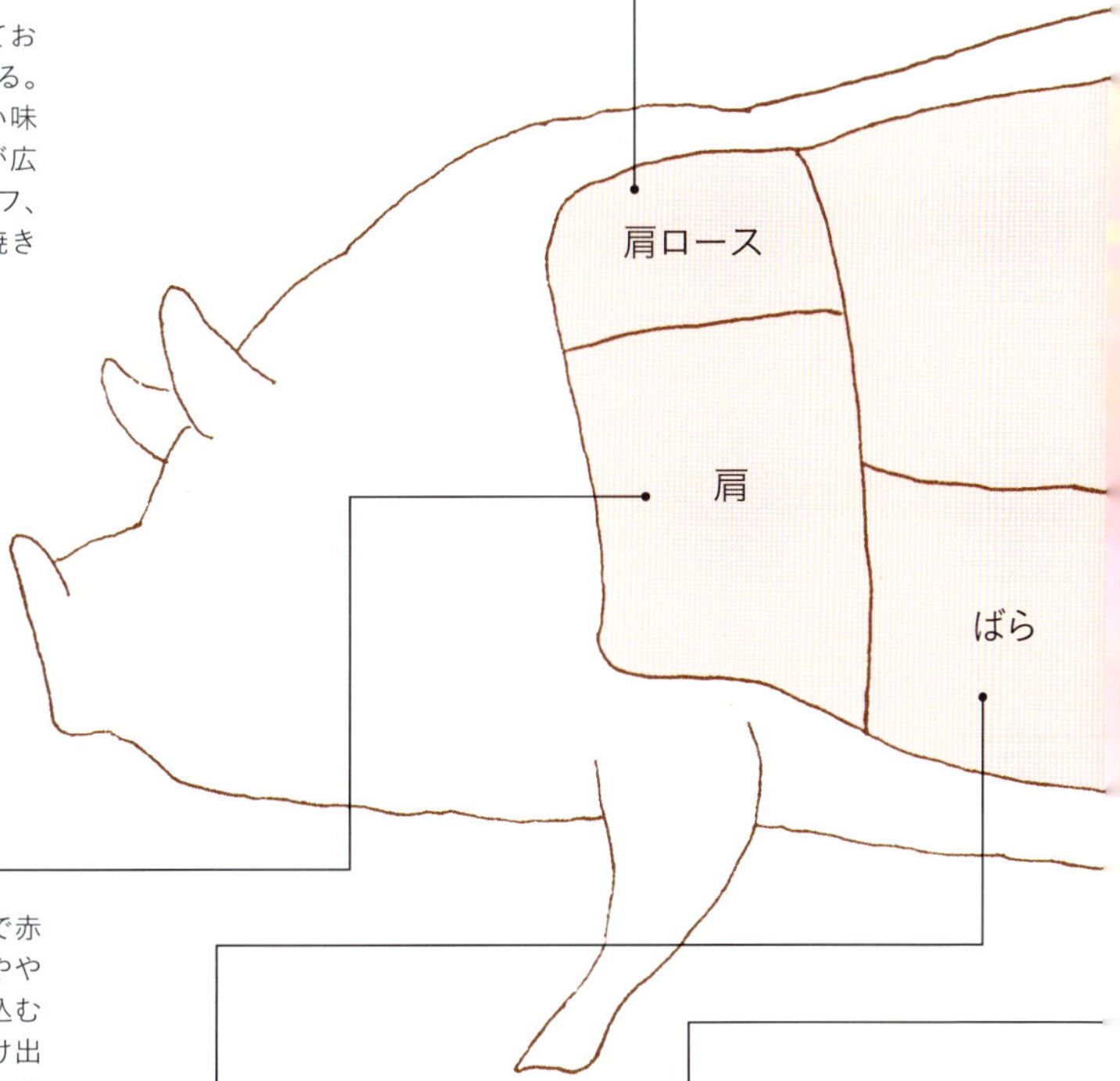

肩ロース

脂肪が適度に入っており、コクや旨みがある。もっとも豚肉らしい味わいがあり、用途が広い。トマト煮やポトフ、カレー、しょうが焼きにするのもよい。

肩

よく動く部位なので赤身が多く、肉質はややカタめ。長時間煮込むとコラーゲンが溶け出すため、角切りにして煮込み料理にするとよい。ポトフやシチューなどがオススメ。

ばら

もっとも脂肪が多く、高カロリー。気になる場合は、ゆでこぼしする。安価で角煮、炒め物、焼肉、ベーコンなど、用途も豊富。

ヒレ

量が少ない高級部位。やわらかく、ビタミンB1が豊富。脂肪が少なく味も淡白なので、とんかつなど、油を使った料理に適している。

23

鶏肉、どこをどう食べる？

手羽先

コラーゲンが豊富。濃厚でコクもあり、骨からも旨みが溶け出すため、煮込み料理に使うとよい。からあげも人気。

きも

鶏の内臓類は小さく、扱いやすい。ハツやレバーには鉄、銅などミネラルも多く含まれる。くせもないので食べやすい。コリコリとした食感が特徴で、焼き鳥や新鮮なら生でも食べられる。

コツを解剖

とりわさのように、鶏肉は生で食べることもできる。やわらかく、淡白なささみは、刺身にぴったり。

手羽先などの骨付き肉は、加熱に時間がかかるが身は縮まりにくくなるため、煮物などに適している。脂肪も多く、味がしっかりしていてジューシーなもも肉は、からあげやチキンソテーに向いている。

鶏肉は皮もやわらかく、コラーゲン豊富なので、皮付きで調理したほうがコクが出る。

むね肉

脂肪が少なく、たんぱく質が豊富。肉質はやわらかく、味が淡白なので、フライなど、油で調理するのに適している。チーズなどとも相性がいい。

ささみ

むね肉の内側に位置し、笹のような形をしている。低カロリーなので、ダイエットに最適。やわらかく淡白なので、刺身にも向いている。加熱するとカタくなりやすいので、酒を加えて蒸すとふっくら仕上がる。

もも肉

味がしっかりしているので、からあげやチキンソテーなど。クリーム煮やトマト煮などでもおいしい。カロリーが気になる場合は、ゆでたり調理したあとに皮を取り除くとよい。

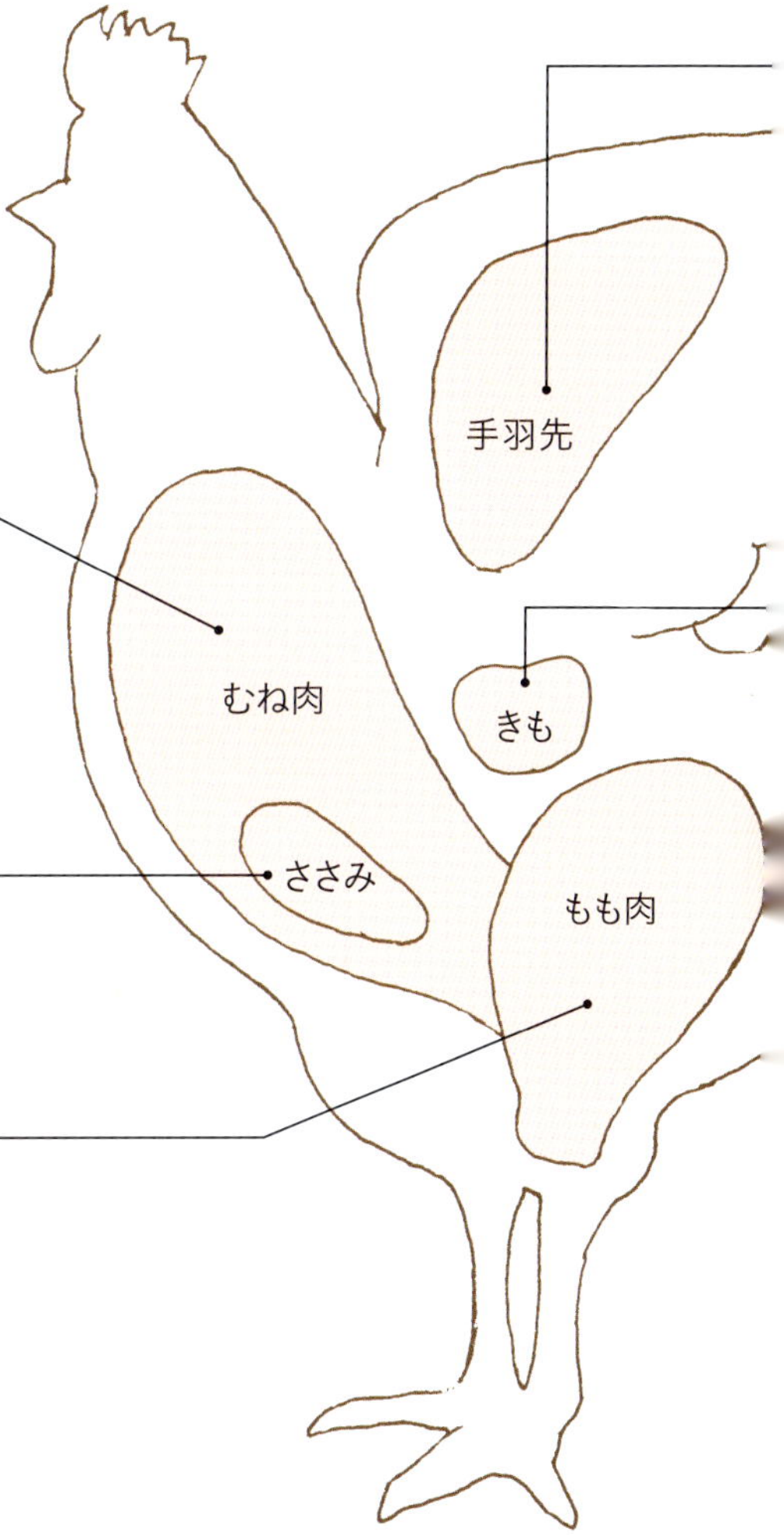

24 ハンバーグのひき肉は豚肉と牛肉を混ぜる

牛と豚の割合によって、味わいを変えられる。

牛

豚

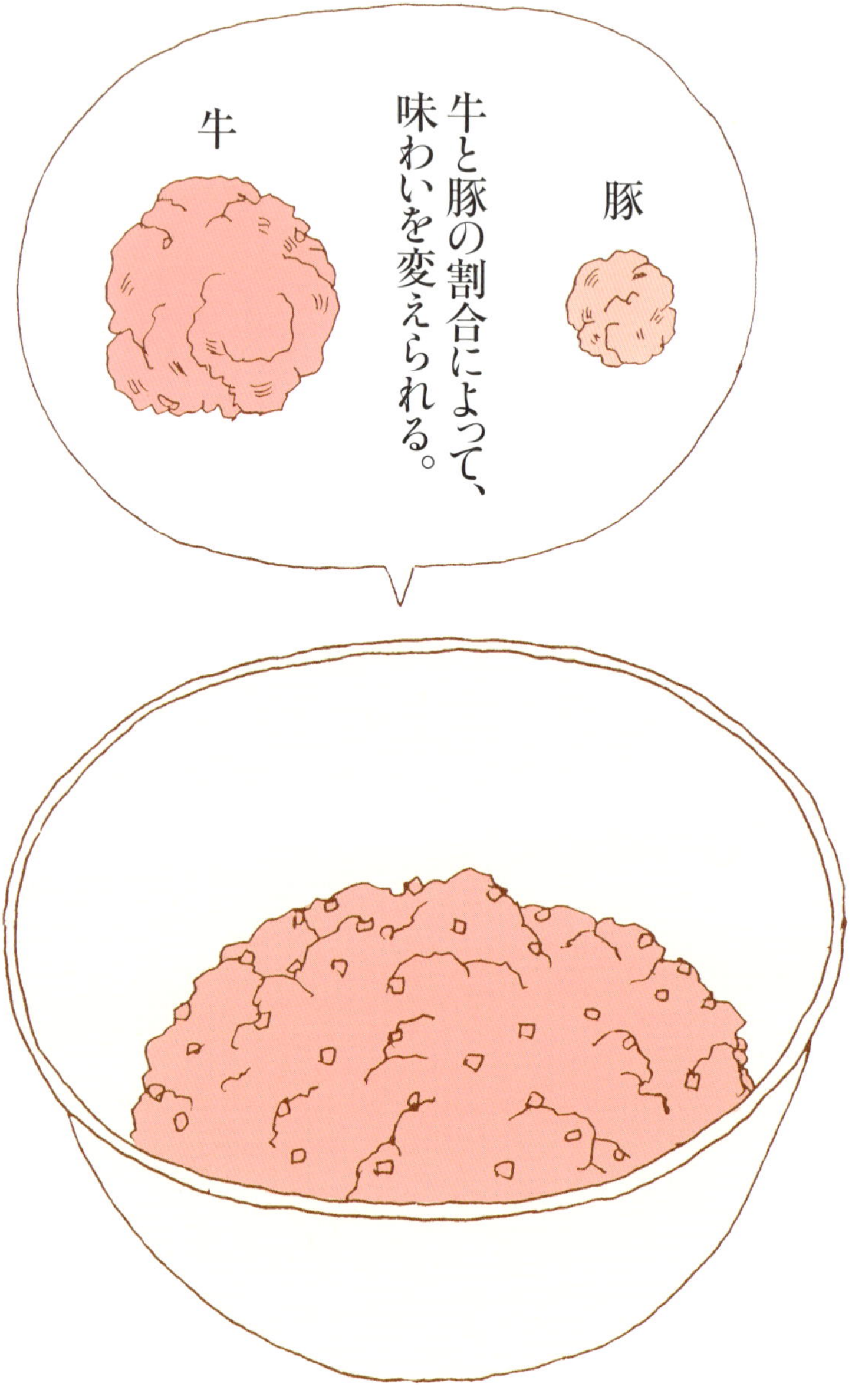

①

効果

やわらかく、やさしい味になる。

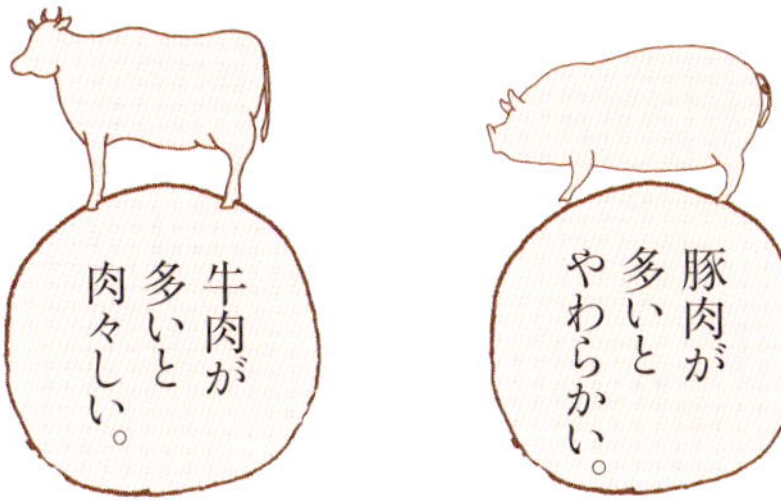
豚肉が多いとやわらかい。
牛肉が多いと肉々しい。

コツを解剖

ひき肉の割合は、豚肉が多いとやわらかく、牛肉が多いと肉々しくなる。そのため、子どもやお年寄り向けなら豚肉多めのほうがよい。

また、使う部位によっても味やカタさは変わってくる。赤身が多いとカタくなるが、脂肪が多ければ牛肉だけでも問題ない。味の面でも適度な脂質は必要。好みによるが、肉々しさとジューシーなやわらかさを両方出したければ牛肉と豚肉を6：4ぐらいの割合で混ぜるとよい。

25

ひき肉は成形する前に塩を入れてよく練ってから

①塩を入れてしっかりこねる。

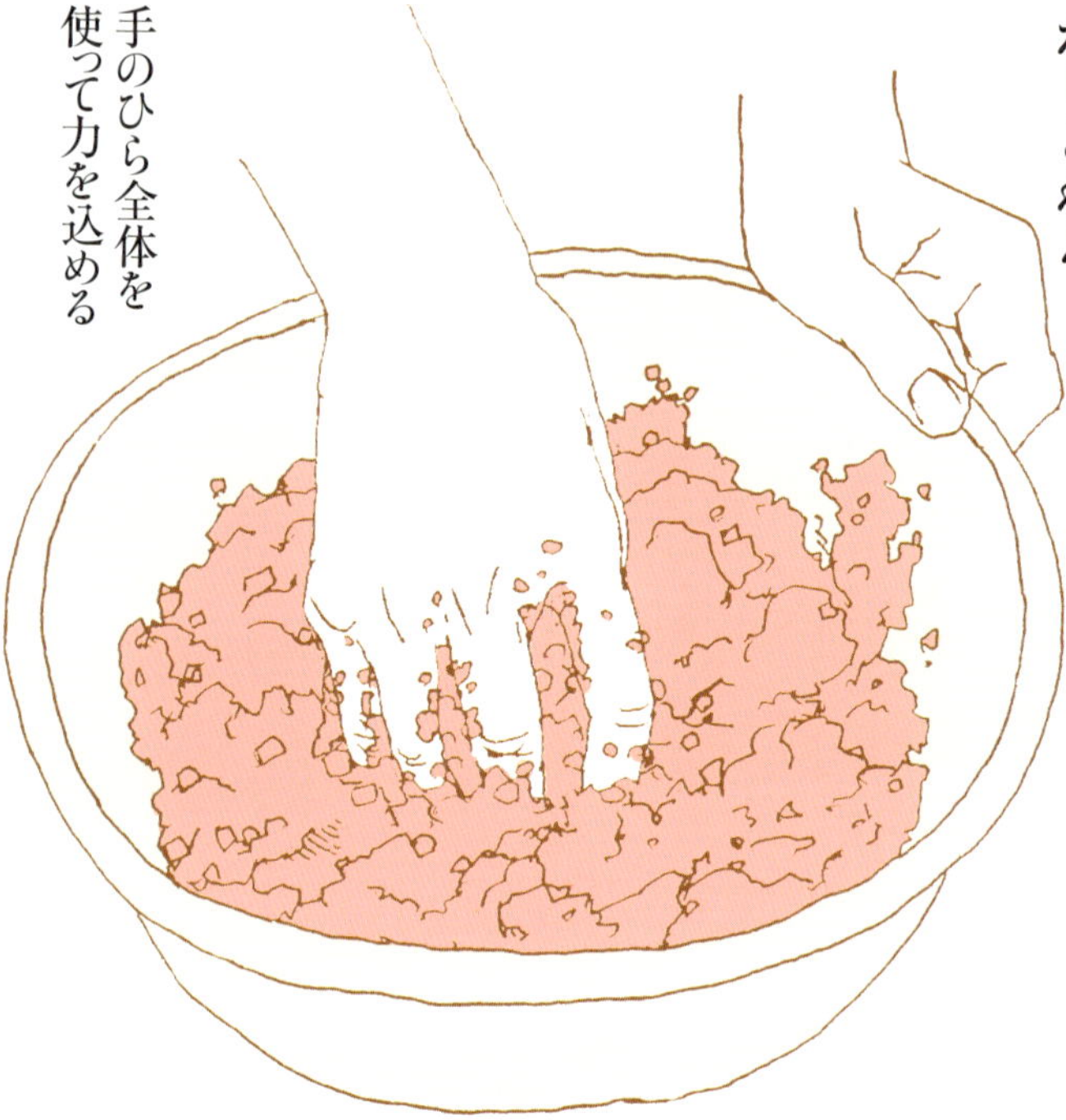

手のひら全体を使って力を込める

②成形する。

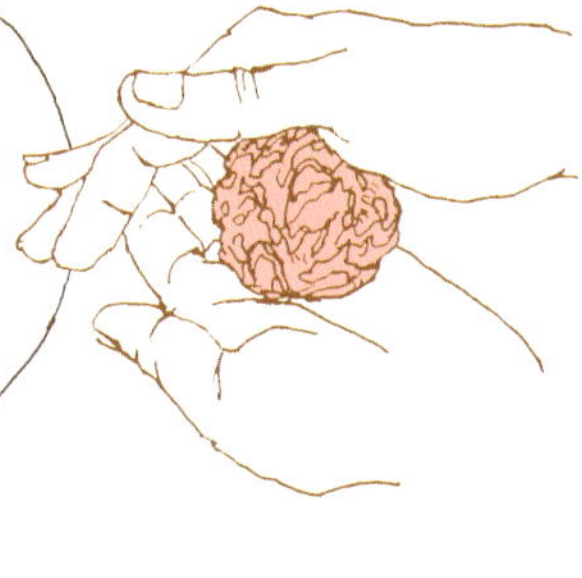

他にも入れるとこんな効果が……

［卵］素材をまとめてくれる

［パン粉］食感を良くし肉汁を保ってくれる

［たまねぎ］肉の臭みを消してくれる

①

効果

バラバラになるのを防ぎ形を保つ。

●料理例
ミートボール、ハンバーグ、ミートローフなど

コツを解剖

ミオシンやアクチンといったひき肉の筋原線維たんぱく質は、塩分を加えて粘りが出るまでしっかり練る。それによって粘着力が高まるので、加熱してもバラバラになったり、割れたりしない。

ただ、ひき肉だけではカタくなりすぎ、ジューシーさが足りなくなるので、副材料や水分を加えるとよい。必要以上に練るのもカタくなる原因なので、適度にまとまったところで練るのをやめ、成形する。

26

ひき肉をこねるときは、手早く

氷水で冷やしながら、こねるのもいい。

効果 ①

温度が上がって傷むのを防ぐ。

●料理例
ハンバーグ、つくね、ぎょうざ、シュウマイなど

コツを解剖

表面積が多く、細菌がつきやすいひき肉は、傷みやすい。ゆっくりこねているとその間にも温度は上がり、腐りやすくなる。そのため、こねるときはとにかく手早くするのがポイント。力を入れて手のひら全体を使い、なるべく短時間でこねあげる。このとき、成形しやすいよう、粘りが出るまでこねるとよい。

夏場などは氷水を用意し、冷やしながらこねるのもよい。

27

ハンバーグの真ん中を凹ませる

①

効果

真ん中まで火が通りやすくなる。

そのまま焼くと真ん中も盛り上がる

コツを解剖

空気を含むハンバーグは熱伝導が悪いため、中まで火が通るのに時間がかかる。ハンバーグに厚みがあると焼け方にもムラができ、表面が焦げても中央は生焼けのままという状態になってしまうのだ。

また、60℃以上の加熱によって筋形質たんぱく質は凝固し、コラーゲンも収縮。そのため肉は収縮し、タネの中央が盛り上がる。それを防ぐためにも、焼くときは成形したあと、火が通りにくい真ん中の部分を凹ませる。

28

ハンバーグは最初強火で、あとは火を弱めてゆっくり

①焼き色がつくまで強火で。

②そのあと弱火でじっくり。

①

効果

焦げすぎ、生焼けを防ぐ。

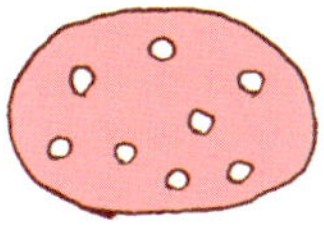

タネの中に
空気を
含むので
焼くのに
時間がかかる

コツを解剖

成形時にタネを手のひらに打ちつけ、空気抜きをするハンバーグ。ここからもわかるように、ハンバーグは多くの空気を含んでいる。そのため、ステーキなどに比べて熱伝導が悪い。

これを焦がさずに中までしっかり焼き上げるため、はじめは強火で表面を熱凝固させる。表面に焦げ目をつけたあとは、中火から弱火でゆっくり加熱。焦がさずジューシーに仕上げたい場合は、蒸し焼きにするか、オーブンを使ってもよい。

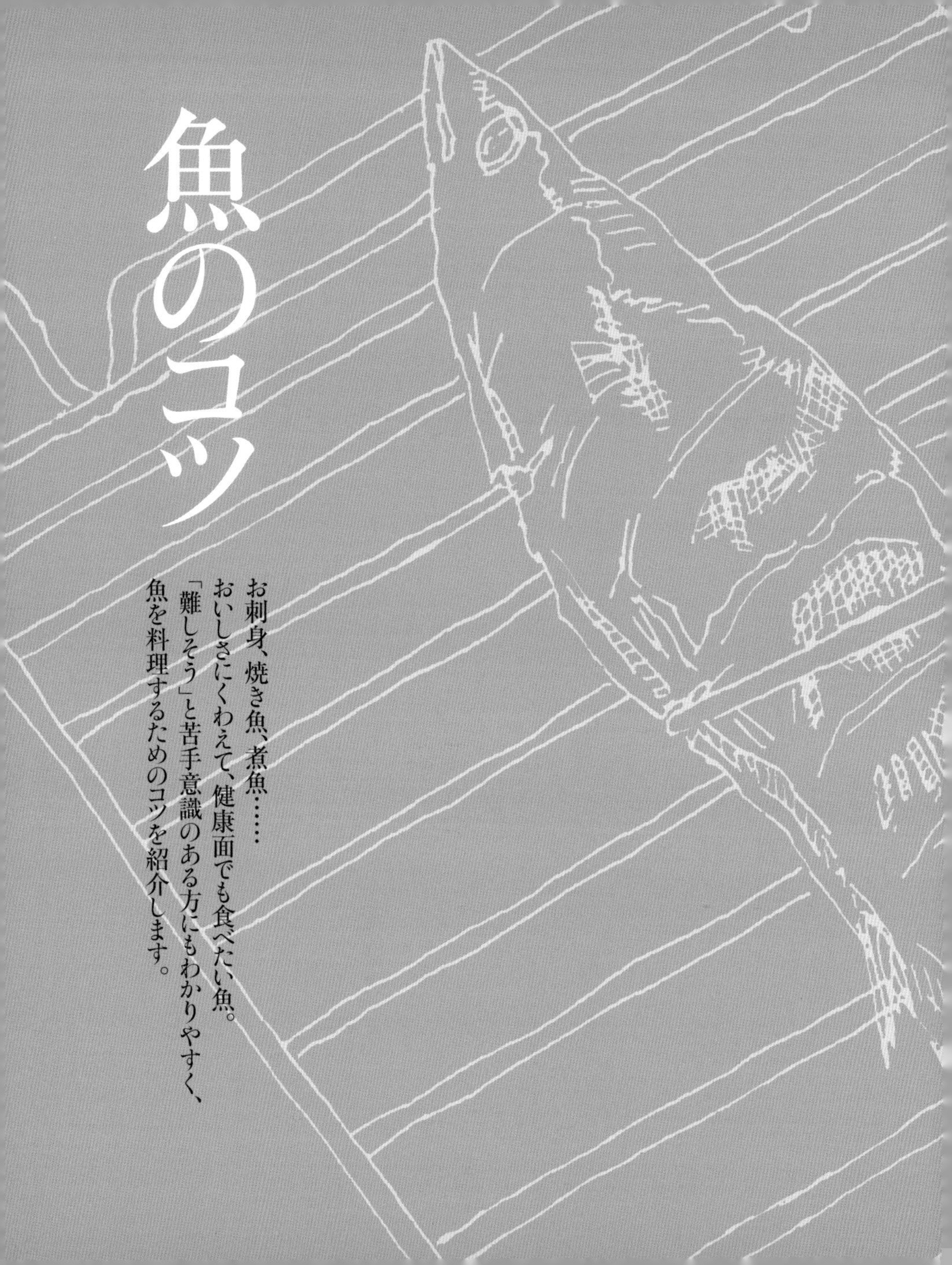

魚のコツ

お刺身、焼き魚、煮魚……
おいしさにくわえて、健康面でも食べたい魚。
「難しそう」と苦手意識のある方にもわかりやすく、
魚を料理するためのコツを紹介します。

29

皮から焼く魚、身から焼く魚

※イラストは上側から加熱する場合

皮から焼く。
［サバ、ブリ、鮭など］

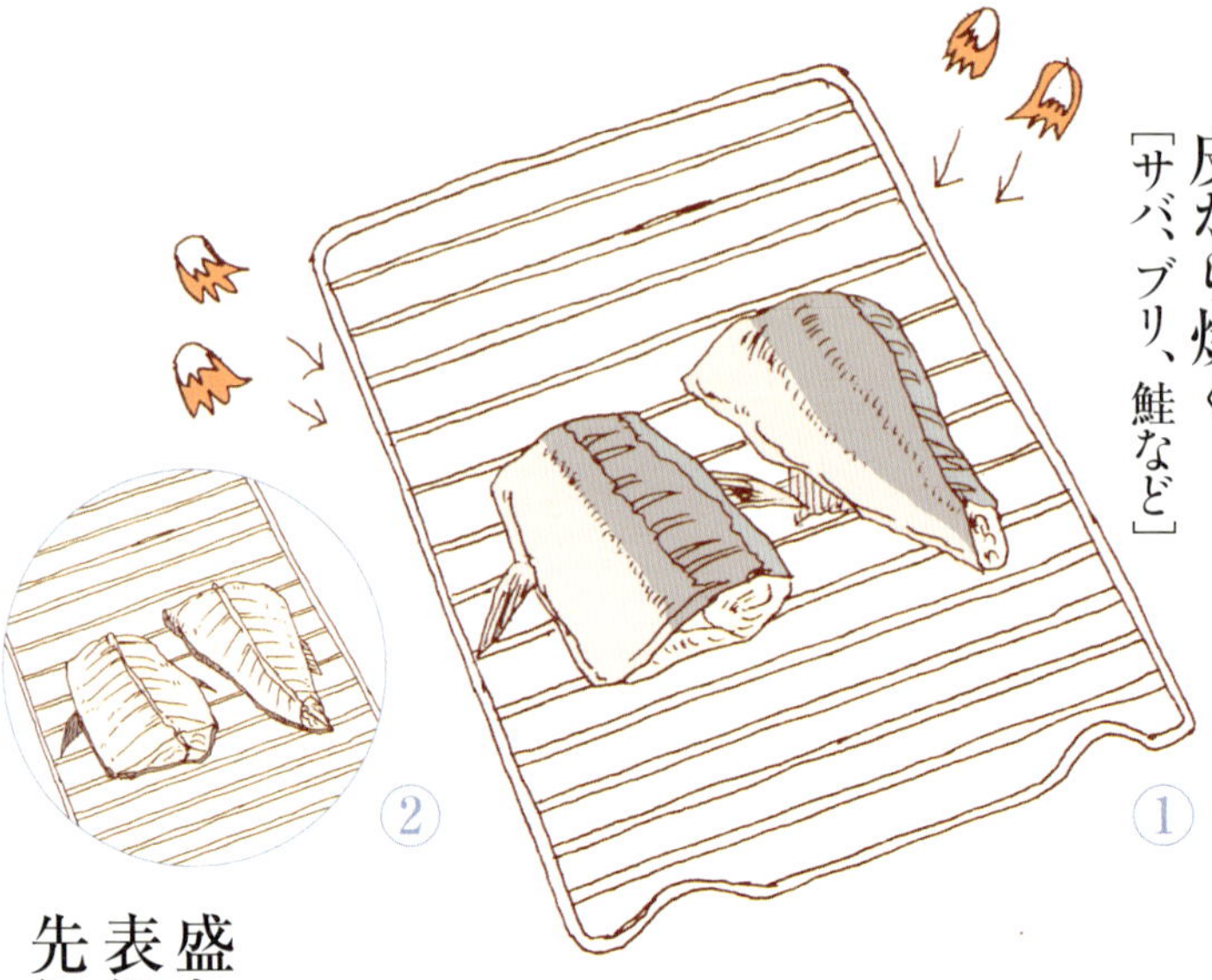

身から焼く。
［ホッケ、アジの干物など］

盛り付けたとき表になるほうを先に焼く。

① きれいに焼き上がる。

効果

盛り付けたとき裏側になるほうから焼くと汚くなる

コツを解剖

魚は盛り付けるとき表になる面から焼くのが一般的。先に焼いた面のほうがきれいに仕上がるから。

そのため、切り身の場合は皮が表にくるので皮から。開きの場合は、身が表なので身から。姿焼きのように一尾まるまる調理する場合は、頭が左にくるのが表なので、そちらを先に焼く。

川魚は海魚に比べて皮が縮みやすいため、変形しないよう、先に皮をさっと焼く。

裏返すのは一度だけ。

30

魚をひっくり返すのは、一度だけ

身が崩れないように丁寧に。

① 効果

見た目がきれいに仕上がる。

余分な脂をキッチンペーパーでふきとるのもよい

コツを解剖

魚のたんぱく質は肉などに比べてやわらかく、繊維も短いので、火が通ると崩れやすい。そのため、加熱中に何度もひっくり返すと、皮が破けてぐちゃぐちゃになってしまう。

一尾の場合は頭を左に盛り付けるので、そちらの面を先にしっかり焼き、裏返してから表よりも少し短めの時間焼く。このとき、焼き色はしっかりつける。その方が、生臭さの原因でもあるトリメチルアミンが包み隠され、おいしく仕上がる。

31

魚は「強火の遠火」で焼くとおいしくなる

七輪、バーベキュー、焼きアミなど。

① 効果

適度に焦げて内部までしっかり火が通る。

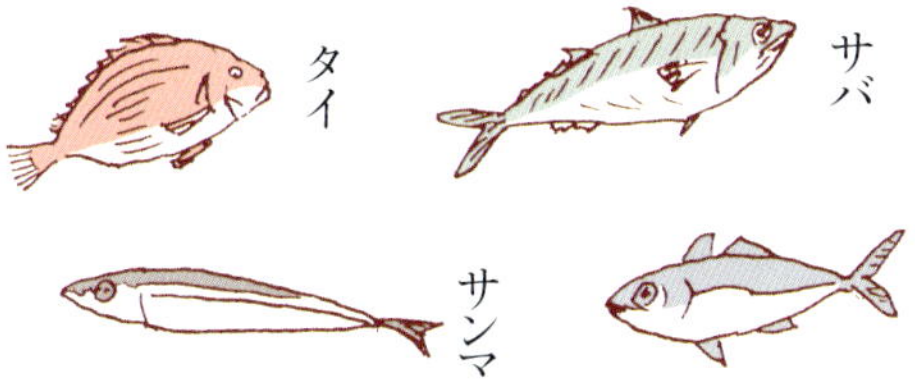

コツを解剖

魚はグリルで焼くのが一般的だが、よりおいしいのが七輪などで焼く方法。食品を焼くとたんぱく質・糖質がアミノカルボニル反応を起こし、香ばしさがうまれる。表面に適度な焦げ目をつけると見た目も香りもよくなる。魚を焼く適温は200～300℃。強火に近づけると中まで火が通らず表面が焦げ、弱火で長時間焼くと水分が抜けてパサパサに。魚全体を均一に、ふっくら仕上げるには「強火の遠火」とされる。

32

魚を煮るときは落としぶたを使う

※アルミホイル
オーブンシートでも
代用可

① 煮汁が沸騰してから切り身を入れる。

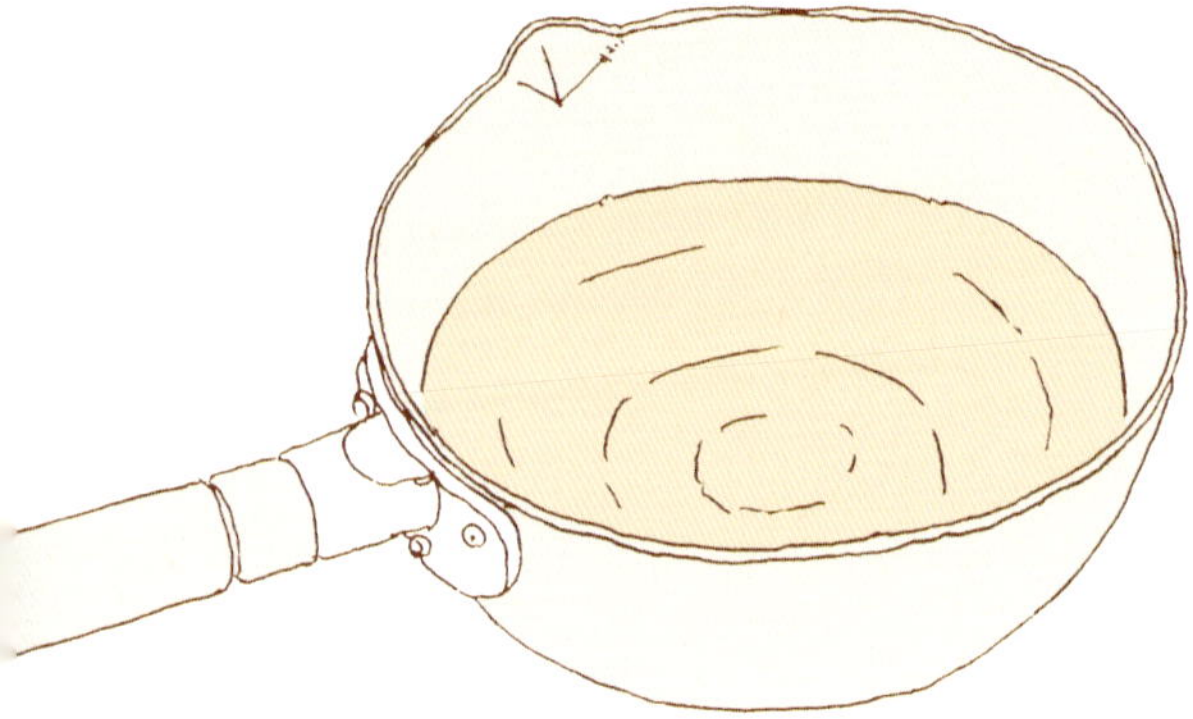

② 表面に火が通ったら、弱火にする。

③ 落としぶたをして短時間で煮込む。

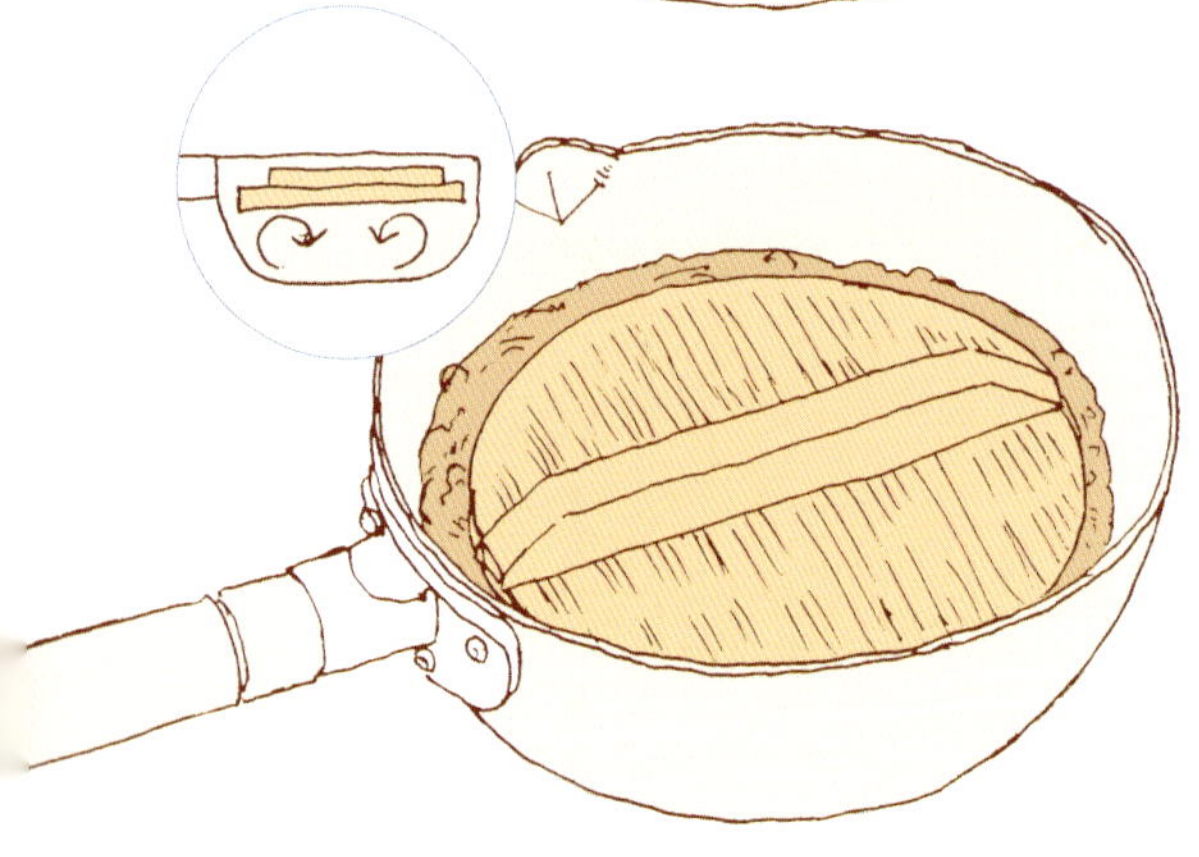

効果

①均一に加熱され味もしみこむ。

②身が崩れるのを防ぐ。

●料理例
カレイの煮付け、サバの味噌煮など

コツを解剖

魚はたんぱく質がやわらかく、短時間で火が通る。煮ると旨みと水分が出るため、煮汁は少量でいい。魚の重量の50～70%の水と調味料を加えると、魚は煮汁から顔を出した状態に。ここに落としぶたをすると沸騰した煮汁がふたにぶつかり、上部も加熱調味できる。

落としぶたは煮崩れも防ぐ。煮汁が多いと加熱中に魚が動き、煮崩れの原因となる。煮あがっても水分が多い場合は、落としぶたを取って煮汁を調整。

33

刺身にするとき、厚く切る魚、薄く切る魚

赤身魚は厚く切る。

［カツオ、マグロ、サバ、イワシ］

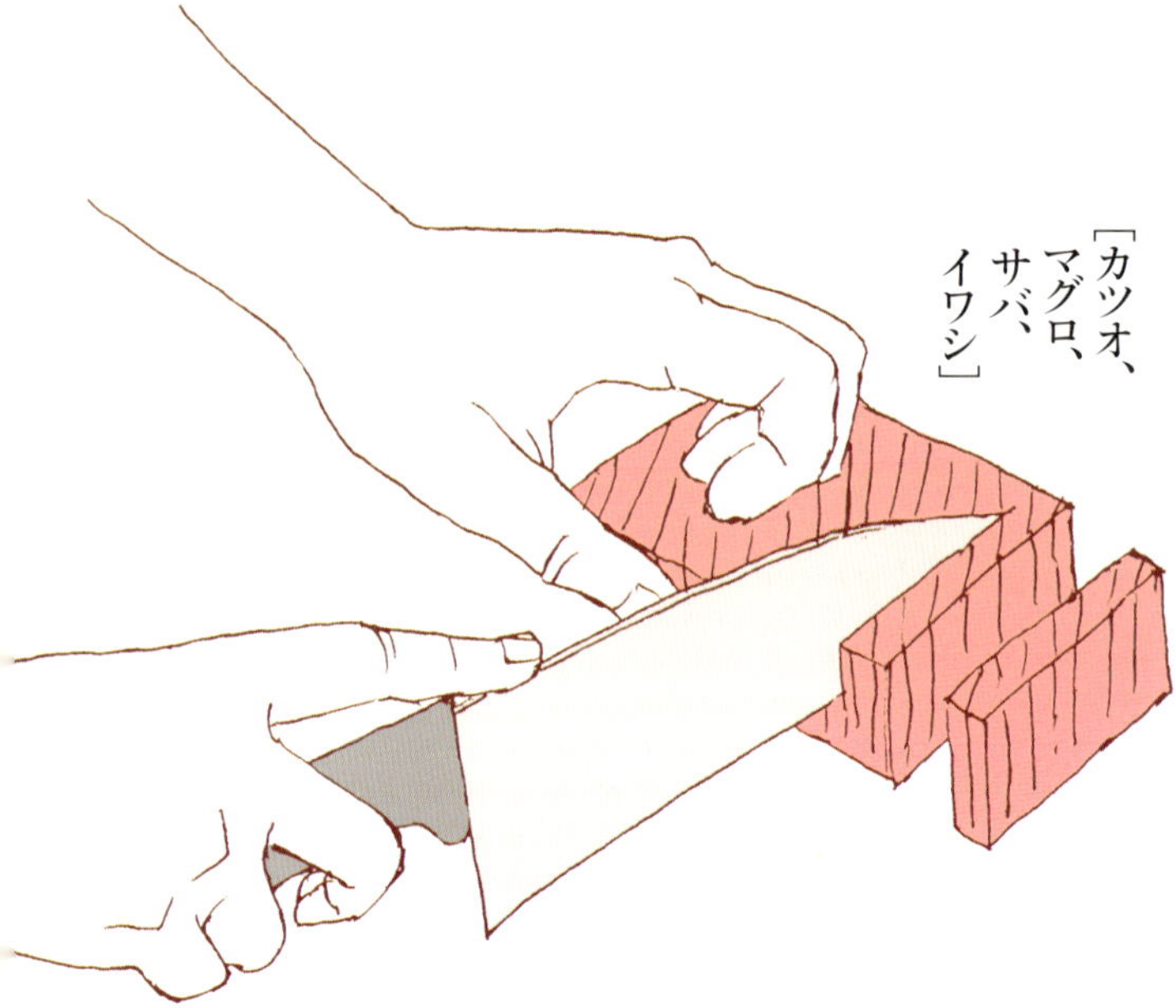

白身魚は薄く切る。

［タイ、ヒラメ、カレイ、サヨリ、フグ］

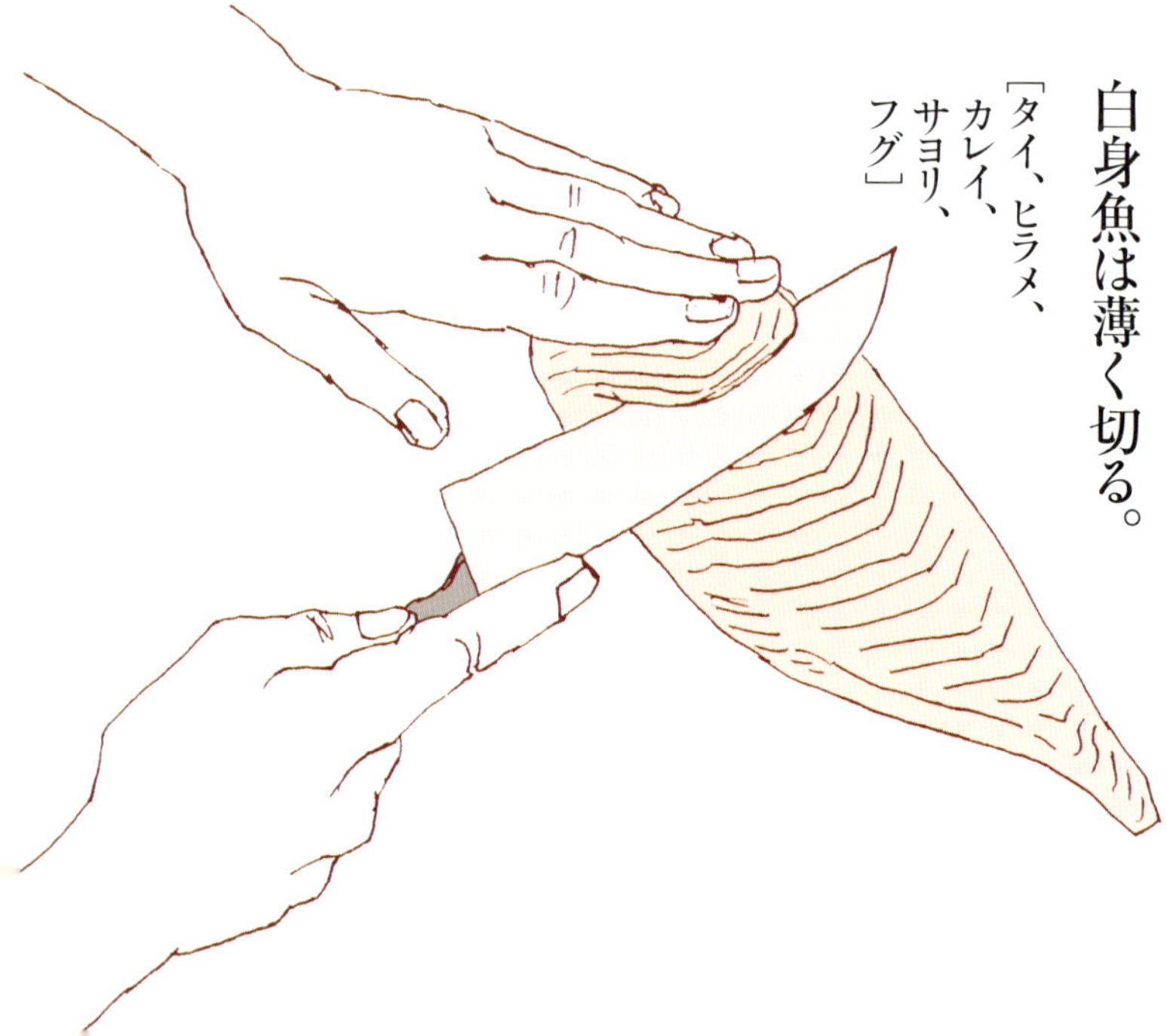

効果（厚切り）

① 厚く切って肉質を楽しむ。

効果（薄切り）

① 歯ごたえを楽しむ。

●料理例
さしみなど

コツを解剖

タイやヒラメといった白身魚は脂肪が少なく、結合組織であるコラーゲンが豊富。一方、イワシやマグロなどの赤身魚は回遊魚なので筋肉をつくるたんぱく質と脂質が多く、コラーゲンは少ない。だから刺身で食べる場合、白身魚はカタく弾力があり、赤身魚の方が肉質はやわらかくなる。そのため、白身魚は食べやすいようにそぎ造りなどで薄く切る。赤身魚は引き造り、平造り、角造りなど、厚切りにして旨みを楽しむ。

34

白身魚は短時間で、赤身魚はじっくり煮る

赤身
味付けは濃く。

［サバ、イワシなど］

白身
味付けは薄く。

［カレイ、金目鯛など］

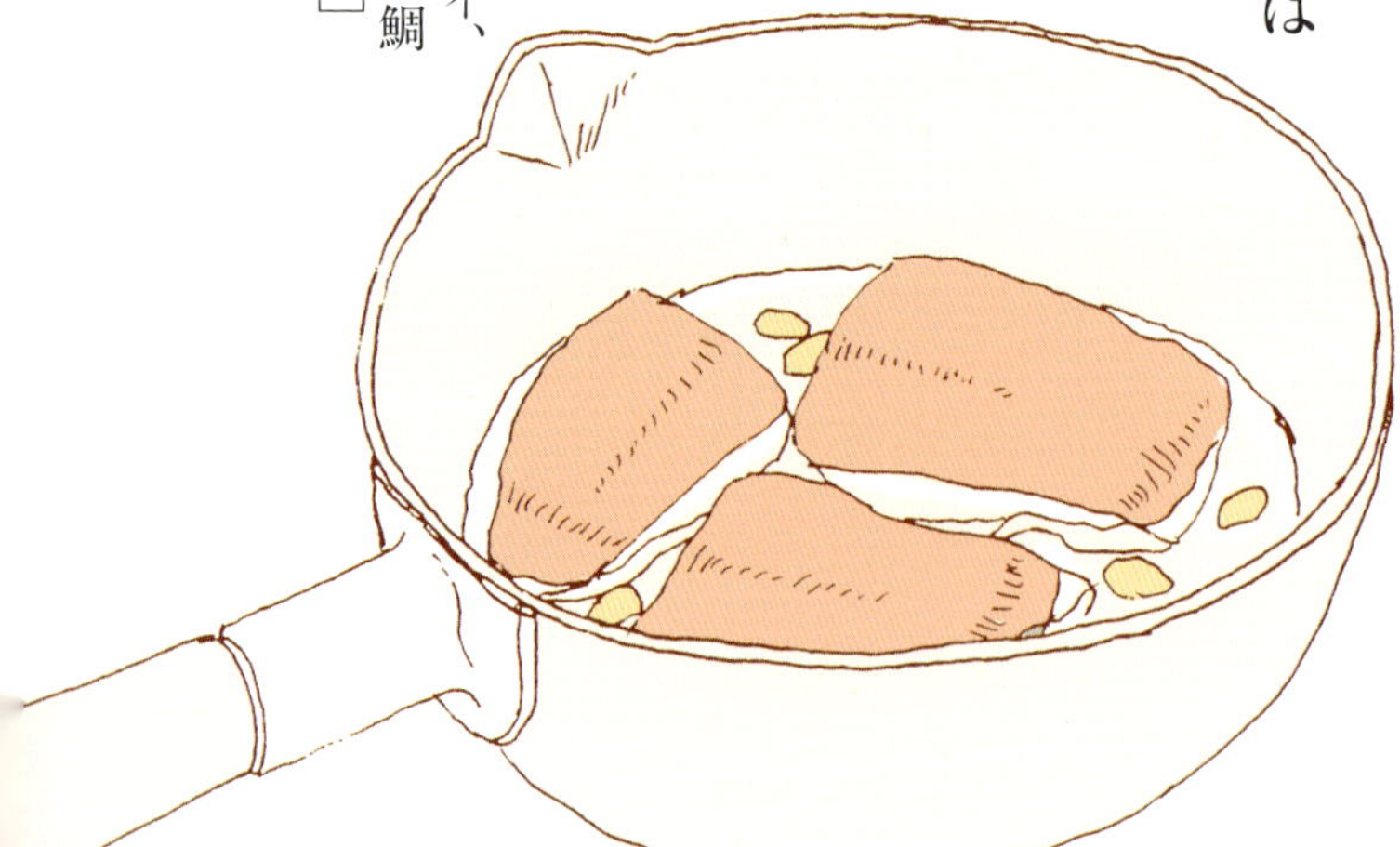

効果（白身）

① 淡白な旨みを活かす。

効果（赤身）

① 魚臭さを抑える。

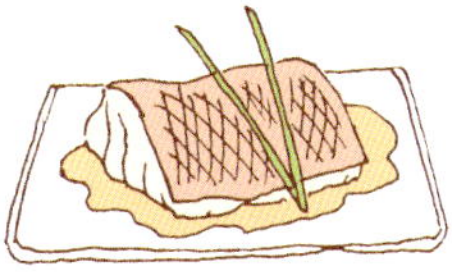

●料理例（白身）
金目鯛の煮付け
など

●料理例（赤身）
イワシの梅煮、
サバ味噌煮など

コツを解剖

白身魚は淡白な味が特徴なので、魚の旨みを活かすためにも味付けは薄めにする。また、筋形質たんぱく質も少ないため、加熱によって身がほぐれやすい。そのため、短時間で調理する。

一方、赤身魚は旨みが強く、筋形質たんぱく質も多いため、加熱によって身が締まりやすい。ただ、臭みも強いので、じっくり煮ることで臭いを飛ばす。臭みを消すにはしょうがや梅干し、酒、みりんなどを加えてもよい。

35

あさり、はまぐりの砂抜きは塩水で、しじみは真水で

［あさり、はまぐり］

水1Lに30g（大さじ1と2／3）の塩水で一晩。

［しじみ］

真水で一晩。

①

効果

砂を吐き出させる。

コツを解剖

貝類は、呼吸とともに砂も体内に取り込む。貝は購入後も生きているので、一晩寝かせて体内に残った砂を吐かせる必要がある。

あさりやはまぐりといった海の貝は、真水につけておくと弱ってしまう。海水と同じくらいの濃度である3%の塩水の中なら、海にいたときと同じように呼吸し、砂を吐く。しじみは海水と淡水の境目に住んでいるので、真水、あるいは1%程度の薄い塩水で砂抜きする。

36 貝類は長く加熱しない

［あさり］殻つき。

① 水から入れる。

② 貝の口が開いたら火を止める。

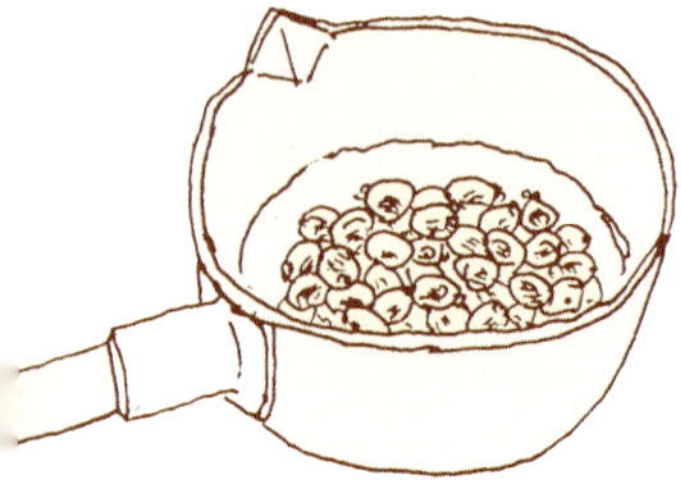

［はまぐり］むき身。

① 水を沸騰させる。

② 入れたら火を止める。

① 効果

身がカタくなるの防ぐ。

● 料理例
あさりの酒蒸し、味噌汁など

コツを解剖

低脂肪で低カロリーの貝類。しかし貝は水分が多く、長く加熱すると中の水分が抜け、身がカタくなってしまう。そのため、高温で長時間加熱するのは避けたほうがいい。

殻つきのあさりは、火にかけて口が開いたらすぐに取り出す。このとき沸騰はさせないよう気をつける。

はまぐりは、むき身の場合、沸騰した汁に入れてすぐ火を止める。

クラムチャウダーなどは食べる直前にスープに貝を加えるとよい。

37

えびの切り目、背に入れるか、腹に入れるか

［えびチリ］
背にそって。

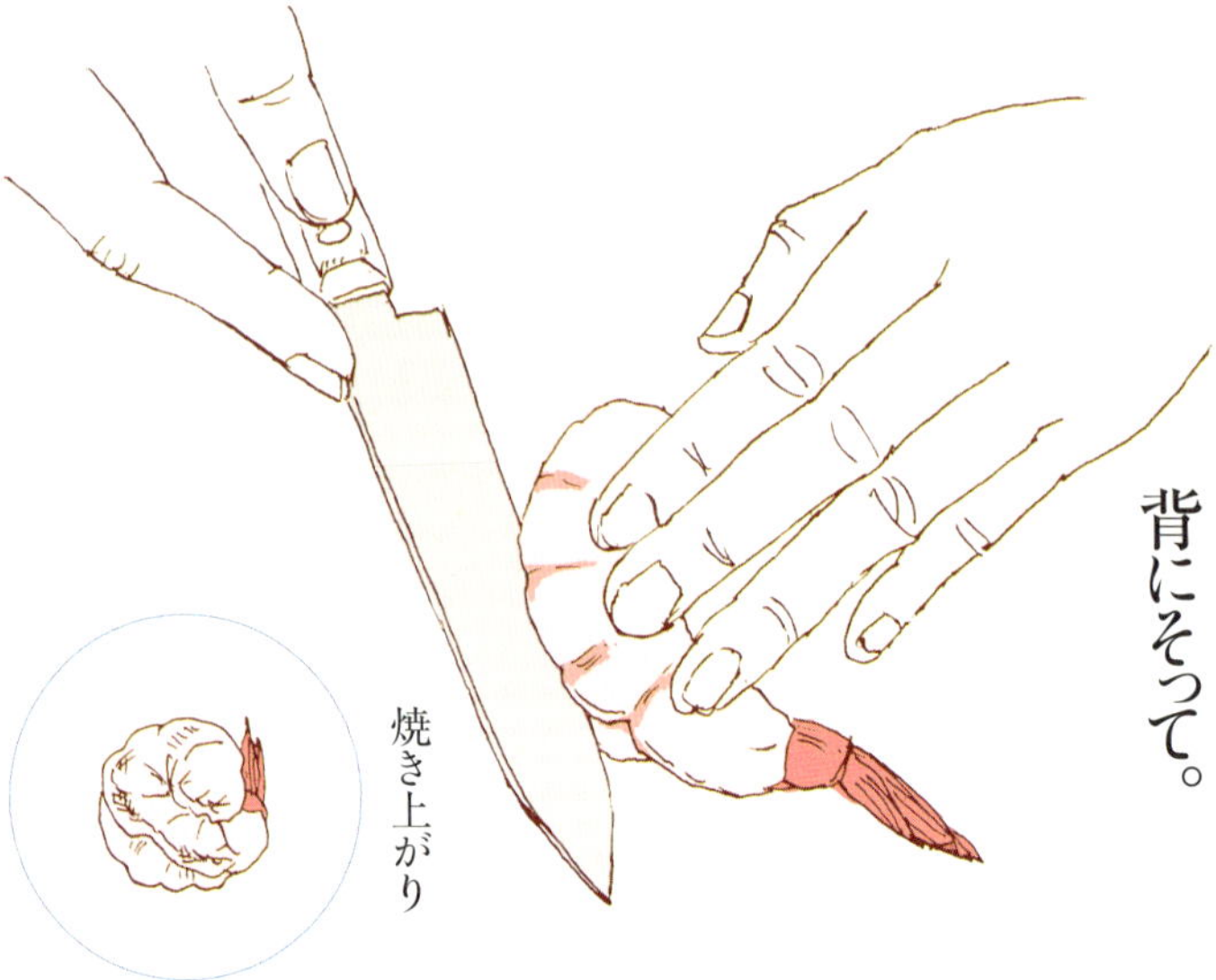

焼き上がり

［天ぷら、えびフライ］
腹に数カ所。

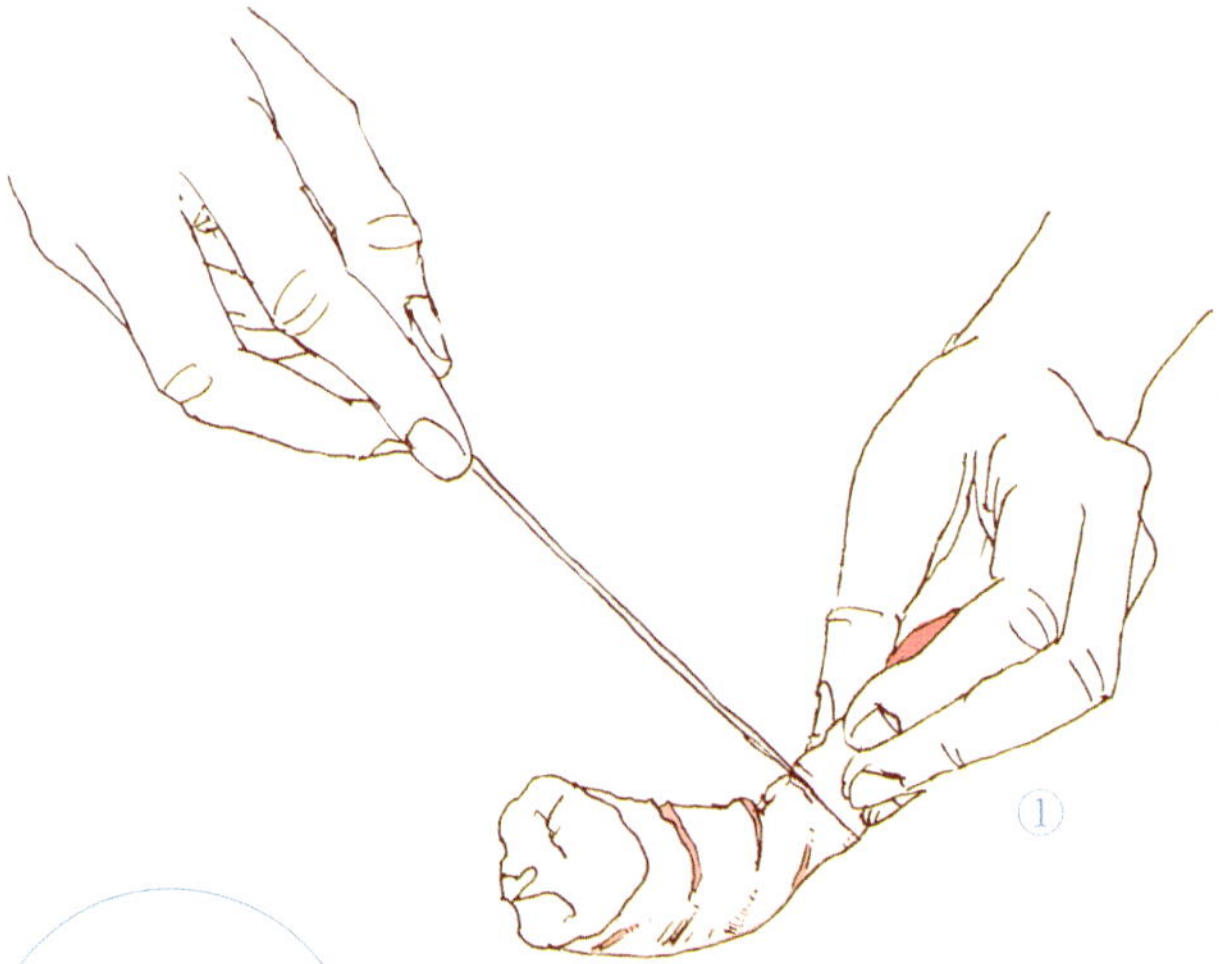

①

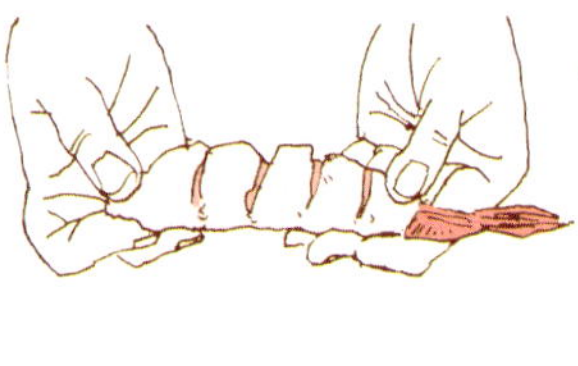

② そり返す

揚げ上がり

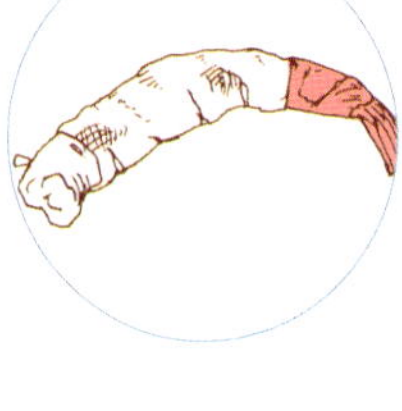

効果（背）

① 味がよく絡む。

効果（腹）

① まっすぐになる。

●料理例（背）
炒め物
えびチリ
八宝菜など

●料理例（腹）
えびフライ
天ぷらなど

コツを解剖

天ぷらやえびフライなどは、まっすぐになっているほうが美しい。えびのそりをなくすためには、腹に数カ所斜めに切り目を入れる。背を下にした状態で、まっすぐになるようそり返す。このとき、プチッと音がするまでそらすのがポイント。

一方、えびチリやえびマヨなど、ソースとえびをよく絡ませたい場合は、背の部分に切り目を入れる。こうすると表面積が増え、中にも味がしみこみやすい。

38

えびをゆでるとき レモンを一緒に

沸騰したお湯に
レモンスライス2〜3枚
またはレモン汁を入れて
短時間ゆでる。

効果

①旨みを閉じ込める。

②生臭みをとる。

●料理例
えびのサラダ
シュリンプカクテル
など

コツを解剖

プリプリしたえびの食感を出すには、レモンを使う。沸騰したお湯にレモン汁かスライスしたものを2～3枚入れるだけ。レモンに含まれる酸は、えびのたんぱく質をカタくする。加熱とこの酸の働きにより、えびの表面はただゆでるよりも早くカタまるのだ。また、レモンの風味で生臭みもとれる。

ただし、長時間ゆでるとカタくなりすぎるので、数秒間から1分間程度が目安。

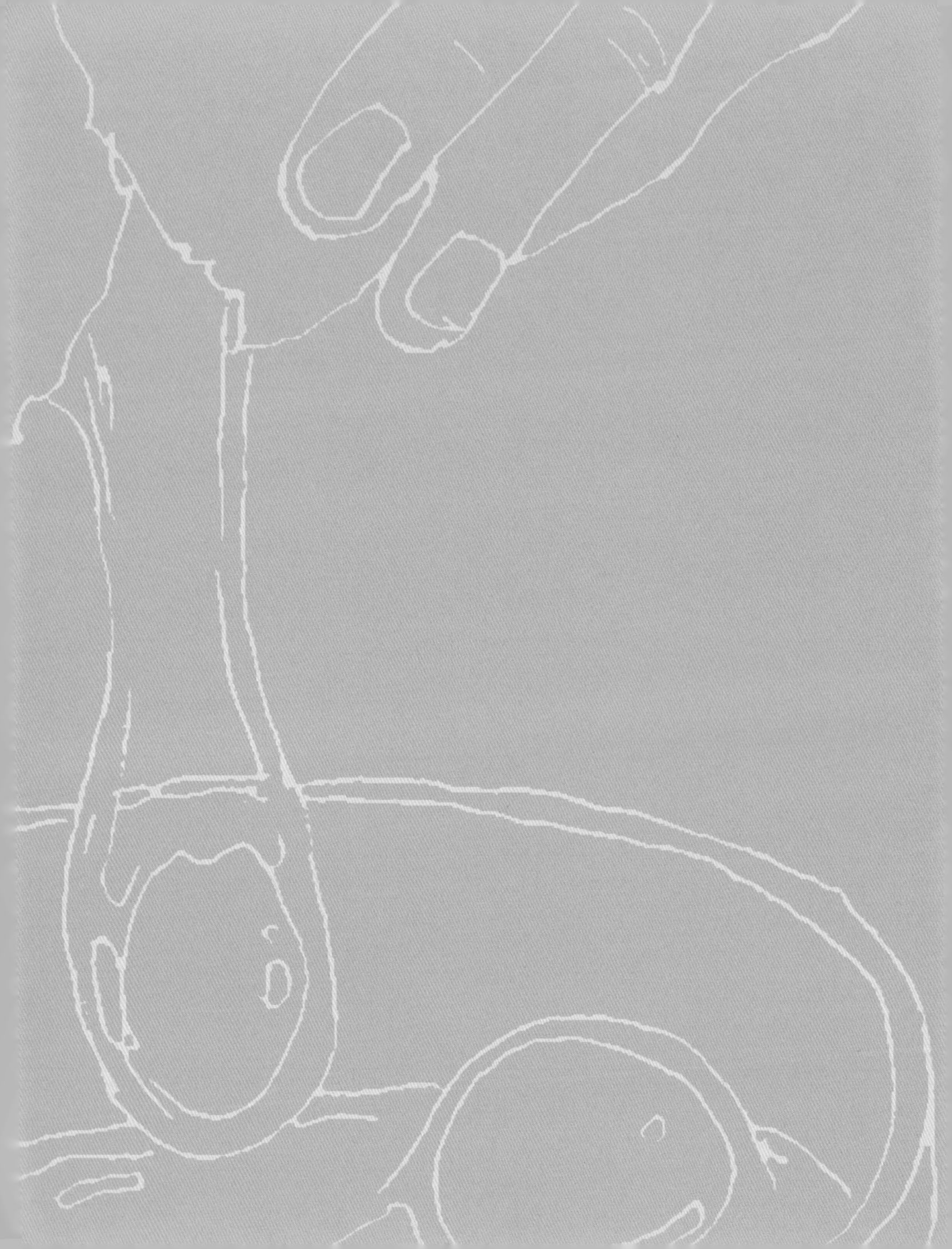

卵のコツ

卵焼き、ゆで卵、オムレツ……
毎日の食卓で大活躍の卵料理。
シンプルだけど、意外と難しい、
卵料理を上手につくるためのコツを紹介します。

39

卵は使う直前に割る

割り置きせずに
使用の都度割る。

① 効果
細菌の侵入を防ぎ卵の腐敗を防ぐ。

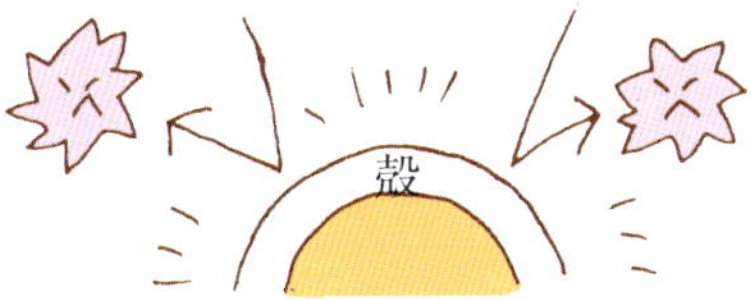

コツを解剖

卵は殻の中で生きており、気孔で呼吸している。卵の殻にあるクチクラという膜がその呼吸を調節し、細菌から守っているのだ。しかし、殻を割ると水分は蒸発。表面積も大きくなるので細菌がつきやすく、臭いなども吸着する。

さらに、栄養豊富な黄身は細菌の大好物。たとえラップをして冷蔵庫に入れても、細菌はどんどん繁殖するので、腐敗するのが早い。

40

溶き卵は泡立てない

できるだけ泡立てないよう菜箸をボウルの底につけて左右に動かしながらほぐす。

①

効果

口当たりがよく、見た目もきれいになる。

●料理例
親子丼、かつ丼、スクランブルエッグ、オムレツなど

コツを解剖

卵が泡立つほどかき混ぜる人がいる。泡立てると空気が入り、泡となって膨らみ穴ができる。それが加熱後に固まると、茶碗蒸しや卵豆腐などでは「すだち」の原因となり口当たりが悪くなる。混ぜるときはできるだけ泡立てないよう、菜箸をボウルの底につけて左右に動かしながら混ぜ、ときどきすくうようにして白身を切るとよい。しっかり混ぜないと、卵黄と卵白が別々に固まってしまう。

41

薄焼き卵を焼くとき、油を一度拭き取る

①フライパンをあたためる。

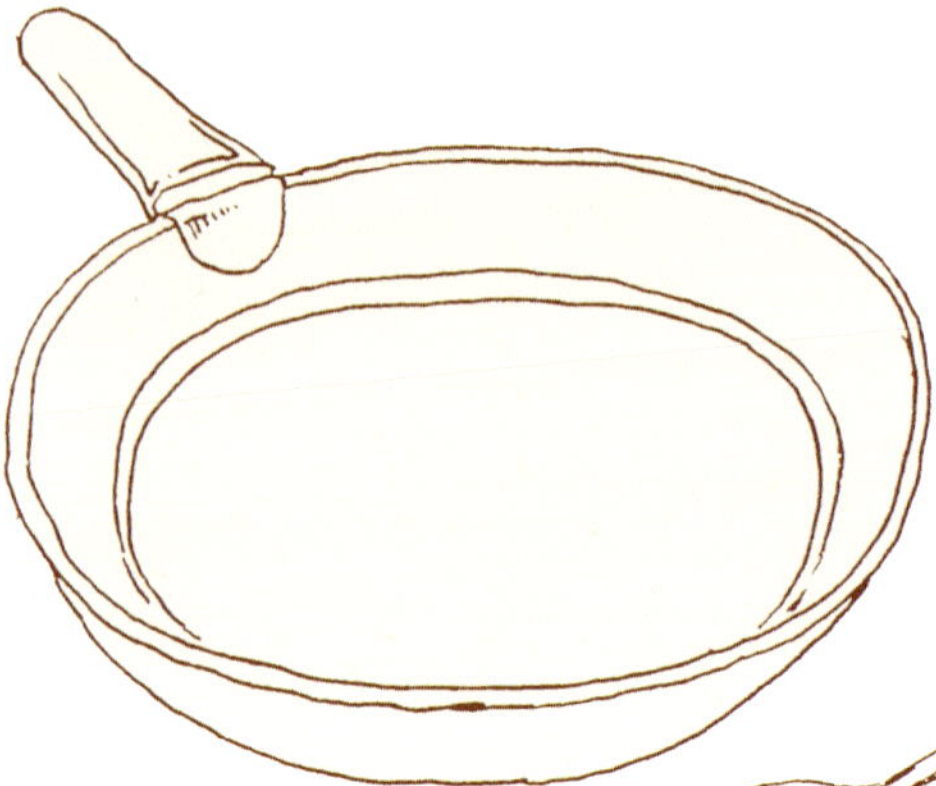

②油を入れる。

③キッチンペーパーで拭く。

① 効果 ムラなく焼き上がる。

●料理例
冷麺、ちらし寿司の錦糸卵など

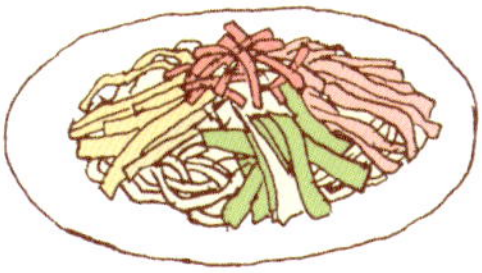

コツを解剖

薄焼き卵を焼くとき、油を入れたら一度キッチンペーパーなどで余分な油を軽く拭き取る。そのまま焼くと油が多すぎるため、膨れてボコボコと浮き上がったり、ベタつく原因となる。油引きや油をしみこませたキッチンペーパーを使って、フライパンに薄く油をひいてもいい。こうすることで、焼き上がりがムラなく均等になる。

パンケーキやクレープを焼くときも、同じようにするときれいに焼ける。

42

卵を半熟に加熱するときは、早めに火を止める

余熱で仕上げる。

①

効果

余熱でカタまりすぎるのを防ぐ。

●料理例
スクランブルエッグ、オムレツ、目玉焼きなど

コツを解剖

卵の主成分はたんぱく質。加熱によって凝固するが、特に、スクランブルエッグやいり卵などは火が通りすぎると水分も飛び、カタくボソボソした食感になる。卵は火が通りやすい食材なので、余熱を利用。火を止めて余熱で仕上げることで、ふんわりした食感になる。

スクランブルエッグは中火で20秒ほど焼き、かき混ぜる。半熟になったら火を止め、あとは余熱で。目玉焼きを半熟に仕上げたいときも早めに火を止める。

43

おいしくてきれいなゆで卵をつくるには？

コツを解剖

卵は常温に戻して水からゆでることで、急激な温度変化による膨張を防ぐ。固ゆでなら沸騰後12～13分、半熟なら3～5分加熱。ゆであがったあとは、水で冷やすと黄身の周辺が暗緑色に変色するのを防ぐだけでなく、殻と白身の間に隙間ができるのでむきやすい。

① 冷蔵庫から出し置きして常温に戻す。

② お湯に食塩かお酢を入れる。

③ お湯が沸騰するまで卵を転がし続ける。

④ 水につけてからむく。

効果

●割れるのを防ぐ

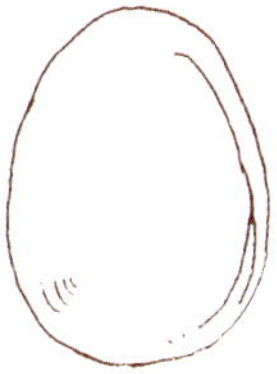

効果

●殻にひびが入っても卵白が流れ出ない

効果

●卵黄が中央にくる

効果

●殻がむきやすい
●黄身が黒くなるのを防ぐ

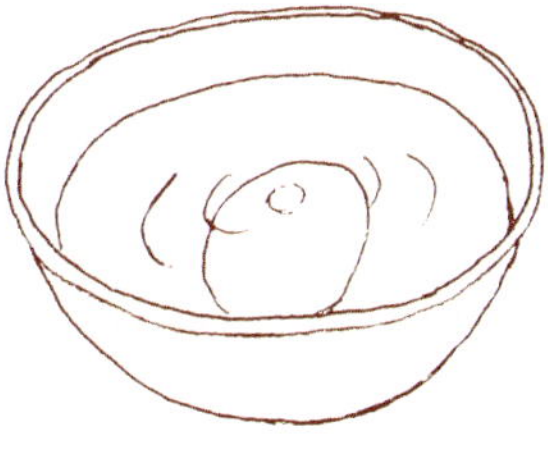

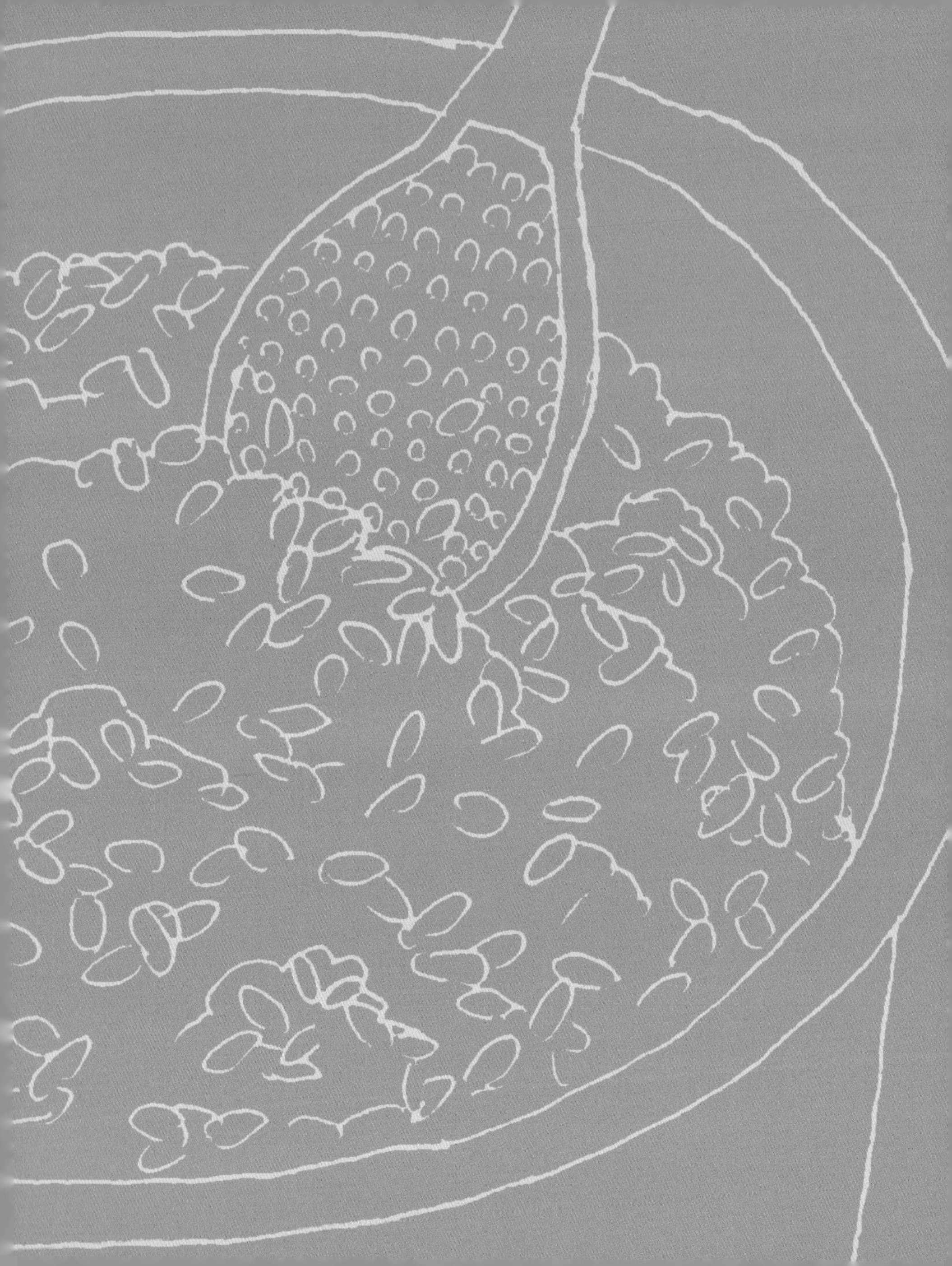

ごはん・パン・麺のコツ

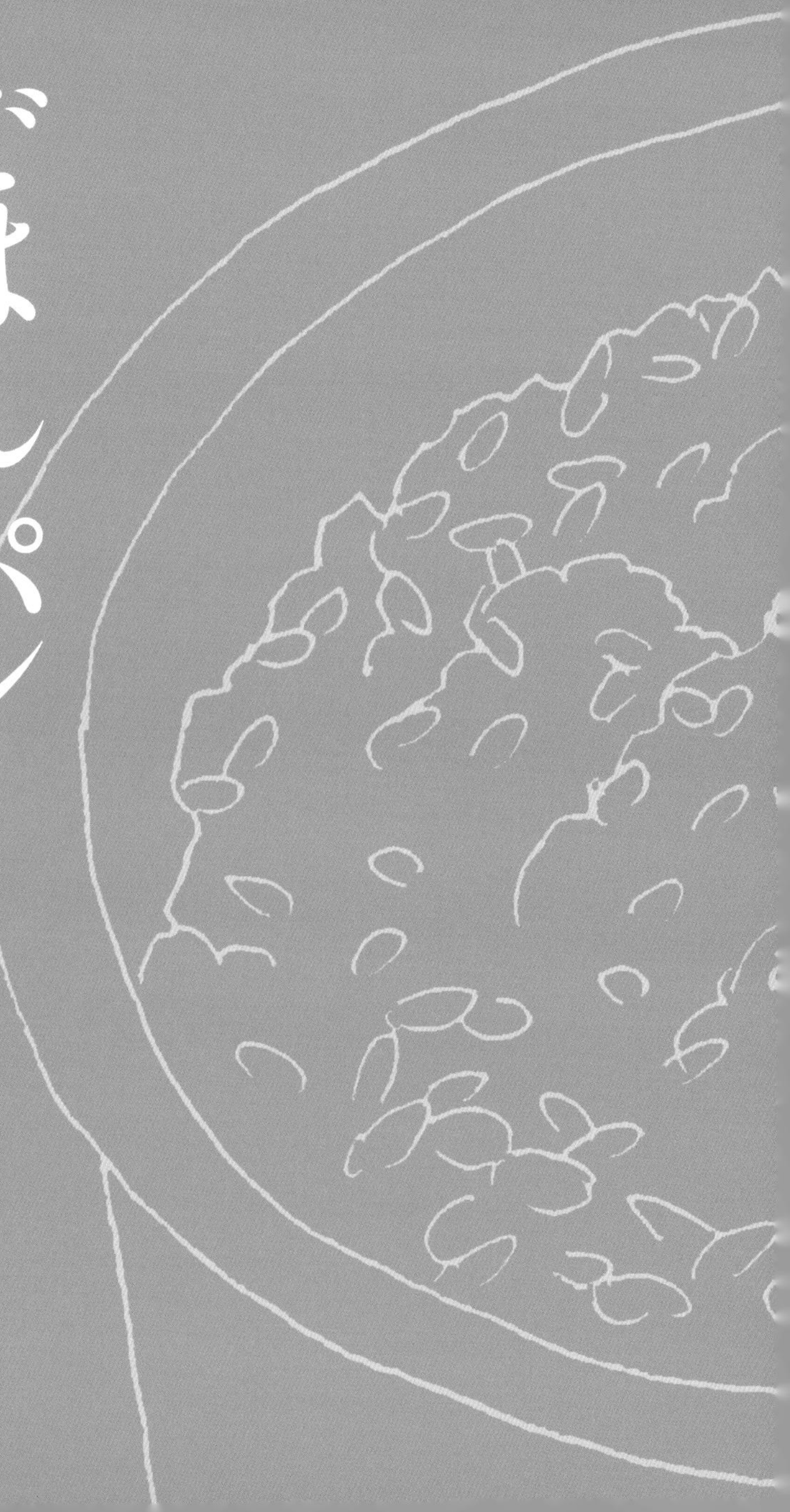

ごはん、パスタ、サンドイッチ……
これがおいしくないと始まらない、主食。
基本だけど忘れがちな、
ごはん・パン・麺のコツを紹介します。

44

お米はなるべく短時間で洗う

①最初たっぷりの水で2〜3回かき混ぜる。

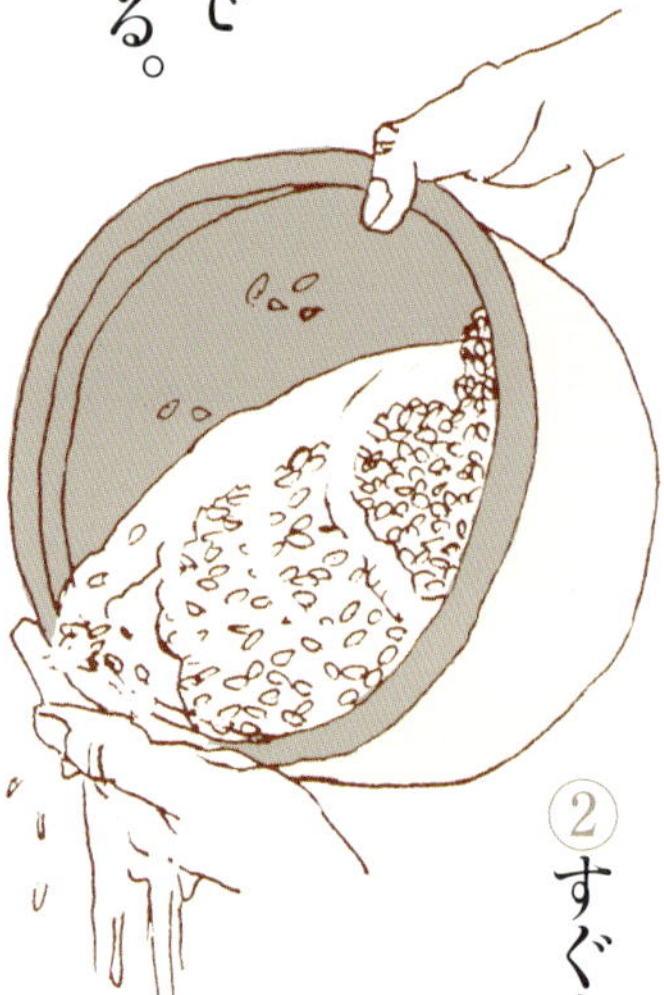

②すぐ水を捨てる。

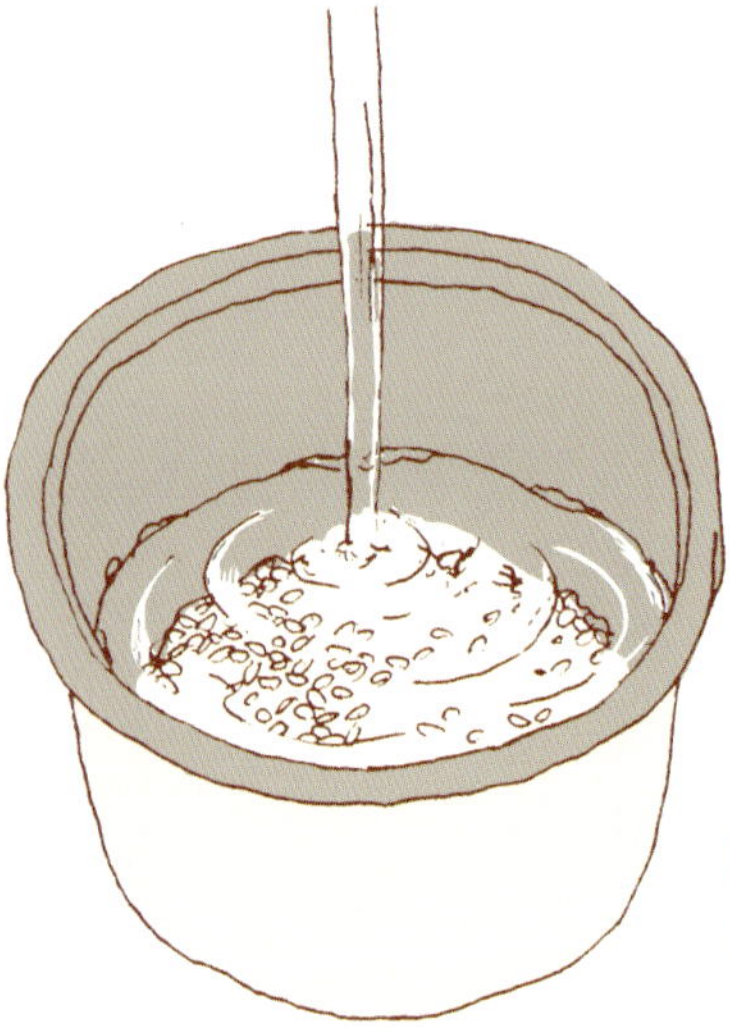

③新しい水に替えて2〜3回洗う。

効果

① ぬか臭くなるのを防ぐ。

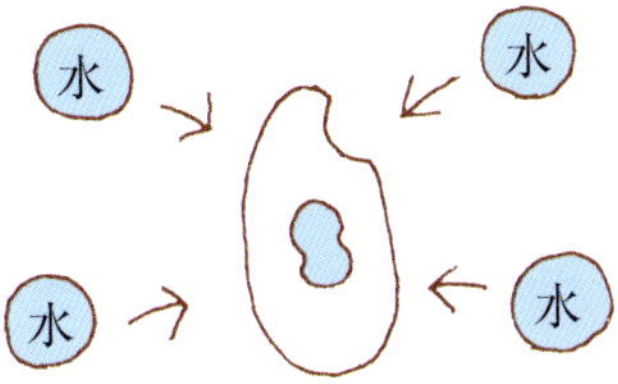

コツを解剖

米は水分15%の乾燥食品。水を入れると勢いよく吸収する。だが、同時に表面のぬかも水に溶け出しているので、ぬか臭い水をめいっぱい吸い込むことになる。最初にたっぷりの水で2〜3回サッとかき回し、すぐにぬか臭い水を捨てること。

米を洗うのは2〜3回で、透明になるまで洗う必要はない。それ以上はでんぷんなどの溶出につながる。力を入れてとぐと米が割れて成分が流出し、炊き上がりがベタつく。

45

ごはんを蒸らした直後、しゃもじでサッとほぐす

10〜15分蒸らしたらサッとほぐす。

① 効果

余分な水分が抜けてふっくらする。

炊いてから時間がたって混ぜると飯粒が潰れてしまう。

コツを解剖

ごはんは炊けたあともすぐにはふたを開けず、10～15分ほど蒸らす。炊飯直後の飯からは水分が蒸発しやすい。蒸らすことで芯まで水分が行き渡り、でんぷんが糊化してふっくら仕上がる。

蒸らし時間が長すぎたり、蒸らしたあとにしゃもじで軽くほぐさないと、蒸発できずに残った水分が飯の表面に付着。飯粒同士の接着を強くし、混ぜにくくなる。この状態で力を入れて混ぜることで飯粒が壊れ、ベタつく。

46

すし飯に合わせ酢を加えるタイミング

①炊きたてに入れる。

②あおぎながら混ぜる。

効果

①味がよくしみる。

②ツヤが出る。

縦に切るように。おいしい酢飯はツヤッとしている。

コツを解剖

ごはんが炊き上がったらすし桶などにあけ、熱いうちに合わせ酢をまんべんなくかけて混ぜる。温度が低くなると味が浸透しにくい。冷えたあとでは水分が表面に残り、べシャッとした仕上がりになる。

飯粒を潰すと粘り気が出るので、混ぜるときは縦に切るようにしゃもじでさっくりと。このときうちわなどであおぐと表面の水分が飛び、ツヤが出る。人肌まで冷めたら、乾燥しないように濡れ布巾をかけておく。

47

パンやケーキをきれいに切る方法

①包丁をお湯であたためる。

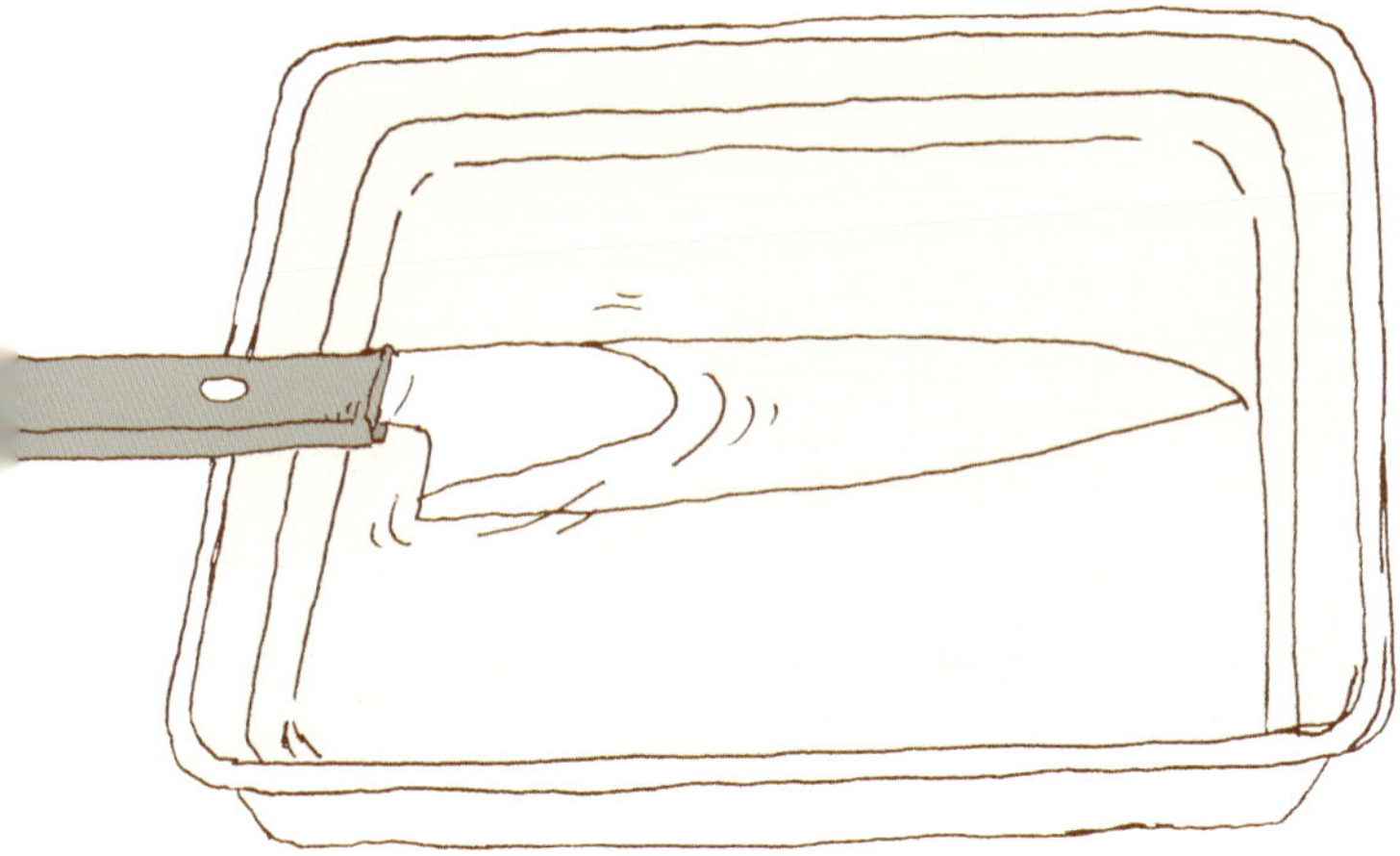

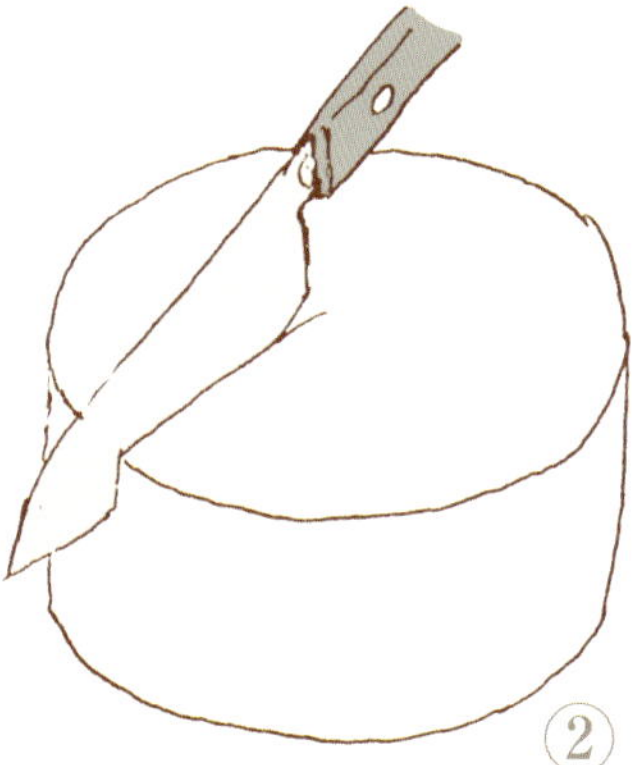

②拭いてから切る。

③ワンカットごとにふく。

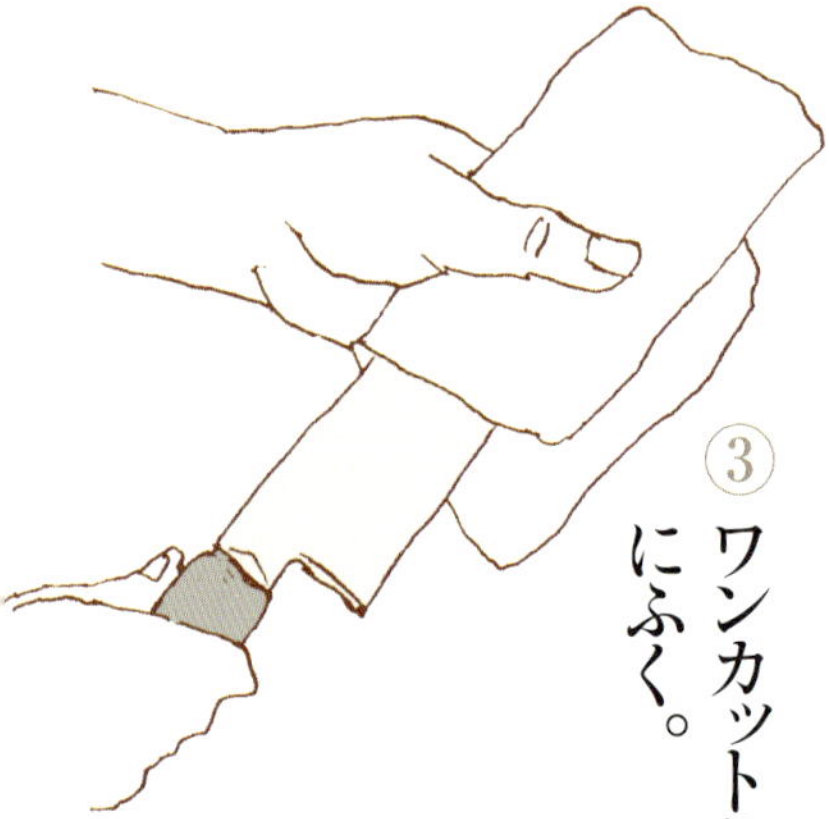

① 効果

きれいに切れる。

波型ナイフで

よく冷やしておく

コツを解剖

パンやケーキを切る際は、パン切り包丁や刃が波型のものを使うとよい。ケーキを切るときは包丁を45℃のお湯で30秒ほどあたためる。ワンカットごとに包丁についたクリームを布巾やキッチンペーパーで拭い、再びお湯で温める。あとはこれを繰り返すだけ。

パンは焼きたてより少し冷めた方が、ケーキもしっかり冷やした方が切りやすい。ケーキは冷蔵庫に入れ、スポンジとクリームが馴染んだ状態にしておく。

48

サンドイッチのパンー面にバターを塗る

一面にむらなく塗る。

① 効果 パンが水を吸うのを防ぐ。

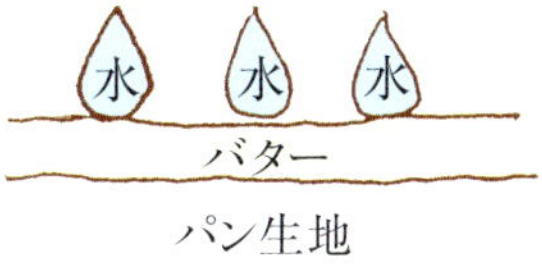

バターの油膜が水分の吸収を防いでくれる

コツを解剖

時間が経ってもサンドイッチをおいしく食べられるのは、バターのおかげ。サンドイッチの具はレタスやトマト、きゅうり、みかん、桃など大量の水分を含むものが多く、ソースや生クリームも使われる。しかし、パン一面にバターを塗って油膜をつくると、パンが水分を吸わないので接触面がベチャベチャにならない。

また、バターはパンの風味や旨みをアップさせ、具材とくっつける役割も果たす。

49

パスタをゆでるとき塩を入れる

①水2Lに大さじ1強(20g)。

②沸騰したらパスタを入れる。

① 効果
味を付け、弾力のある状態にゆであげる。

●料理例
スパゲティ
ナポリタンなど

コツを解剖

パスタは、その重量の10倍の水を沸騰させてゆでる。その際、0・5〜1%の塩を入れるのがポイント。1Lの水なら5〜10g、2Lなら10〜20g。こうすることでパスタに塩味をつけ、弾力のある状態にゆであげることができる。

パスタの原料である小麦粉に含まれるグルコースやアミノ酸、無機質が塩と合わさると、風味と旨みが増しておいしさを強く感じさせる。

50

パスタのゆで時間は指定より若干短めに

たとえばゆで時間が11分の場合。

9～10分ゆでて

1～2分で仕上げる

①

効果

食べるときに丁度良いカタさになる。

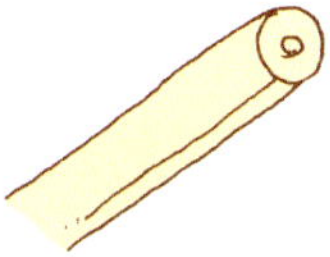

少し芯が残るアルデンテが理想

コツを解剖

パスタのおいしさを決めるのは、中心部に少し芯が残るアルデンテのゆで加減だと言われている。ゆですぎるとパスタ独特のコシがなくなってしまう。パスタはゆであがっても水にさらすことがなく、置いておくと水分はどんどん中まで染み込んでやわらかくなる。ソースと絡めたり、味付けをすることも考えて、ゆで時間は指定よりも若干短めにしておいた方がいい。ただし、ペンネなどのショートパスタは時間通りゆでる。

51 パスタとソースの相性は？

ロングパスタ	
フェットチーネ 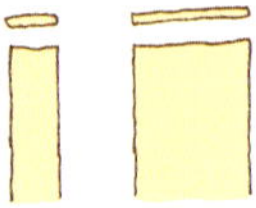 5～10mm 平めん 相性のよいもの：ホワイトソース、肉・野菜入りソース、クリームとチーズ	カッペリーニ  0.9mm 相性のよいもの：オリーブオイル、香りの良いハーブ、フィッシュソース
スパゲティ  1.9mm～ 相性のよいもの：ミートボール入りトマトソース、角切りトマト、オイルベースのソース、フィッシュソース	リングイーネ  楕円形 相性のよいもの：バジルソース、角切りトマト、オイルベースのソース、フィッシュソース

コツを解剖

パスタとソースの相性を決めるのは、パスタの形状とソースの粘度。

カッペリーニのような細いパスタは、ソースが絡みすぎるとくどくなる。そのため、サラッとしたオリーブオイルや魚介ベースのソースが合う。

逆に、幅広のラザニアには味のしっかりしたミートソース。フェットチーネにはチーズやホワイトソースなど、粘度の高いもの。らせん状のフジッリは具を絡ませるので、具の細かいソースやサラダなどが向いている。

ショートパスタ

オルゾ

相性のよいもの　スープ、ミネストローネ、野菜入りクリームソース

マカロニ

相性のよいもの　サラダ、チーズ、オイルベースのソース、バター、トマト、野菜

フジッリ

相性のよいもの　パスタサラダ、あっさりめのトマトソース、クリームソース、カルボナーラ

リガトーニ

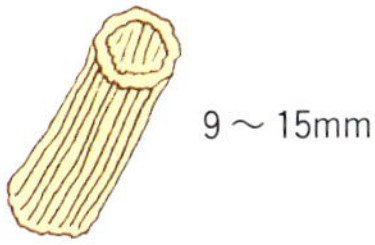

相性のよいもの　肉野菜ソーセージ入りスープ、オーブンで焼くパスタ料理

スムール

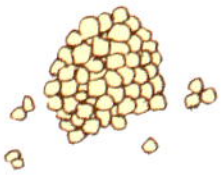

相性のよいもの　クスクス、サラダ、水っぽいカレー、カレー

ペンネ

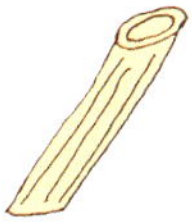

相性のよいもの　生のトマトと野菜を使ったソース、スパイシーなソース

下準備のコツ

お料理の土台づくりである、下準備。
実は味付けや加熱以上に、
お料理を左右することも。
大切だけど、つい見逃しがちな、
下準備のコツを紹介します。

52

材料を切るときは均一の大きさに

あらかじめ目安をつけて均等に切る。

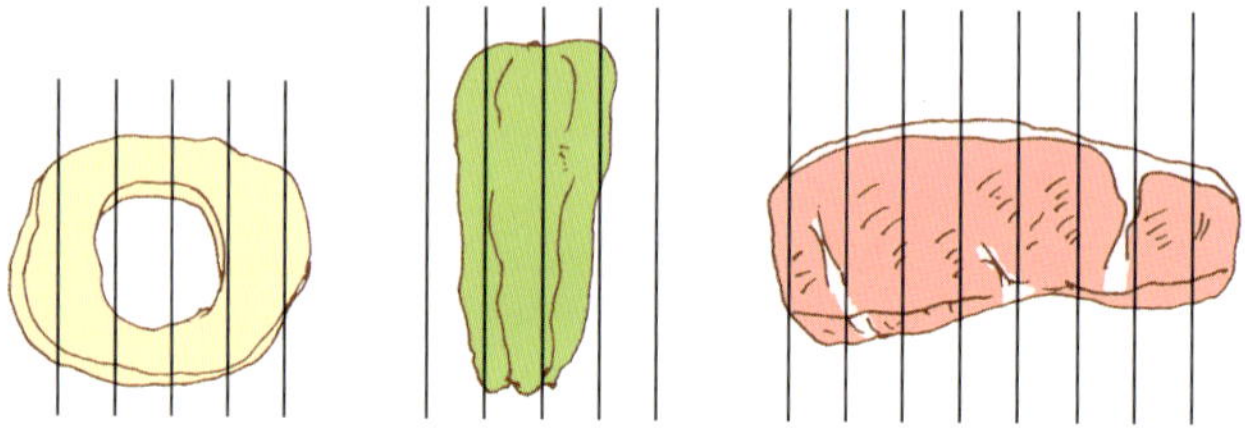

効果

① 火の通りと味のばらつきがなくなる。

② 見た目をきれいにできる。

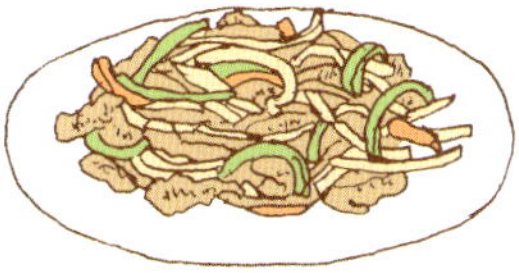

●料理例
野菜炒め、肉じゃが、チンジャオロースなど

コツを解剖

炒め物や煮物などの材料を切る際、形や大きさが均一になるように切る。大きさがそろっていないと火の通り方、味の染み方に差が出てしまう。特に、野菜炒めのような短時間で加熱するものは均一にしておいたほうがいい。適当に切り始めると結果的にバラバラな形や大きさになってしまうので、材料を切るときはあらかじめ等分の目安をつけてから切るようにする。

また、大きさが均一だと見た目もよくなる。

乱切りに向く食材

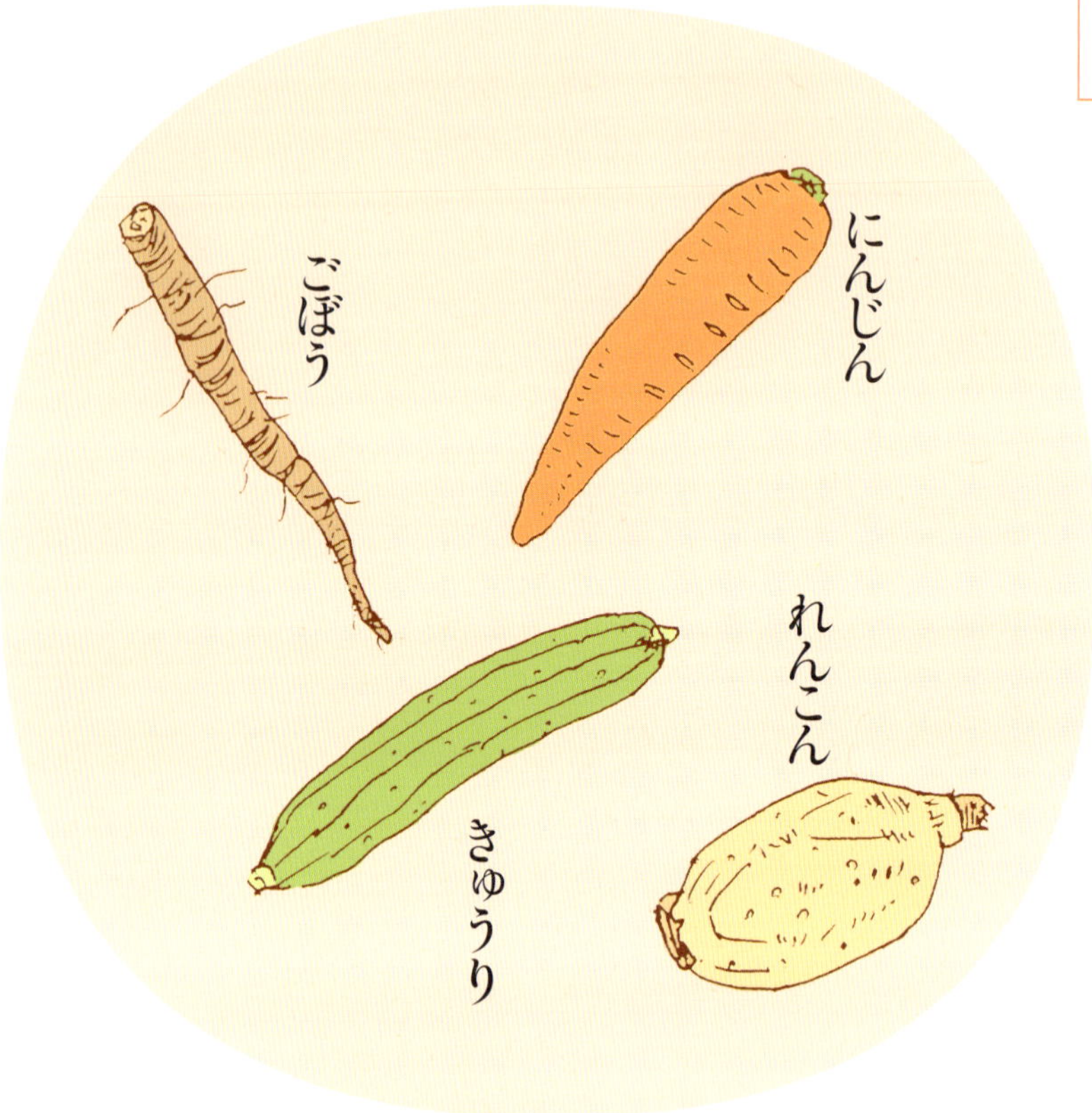

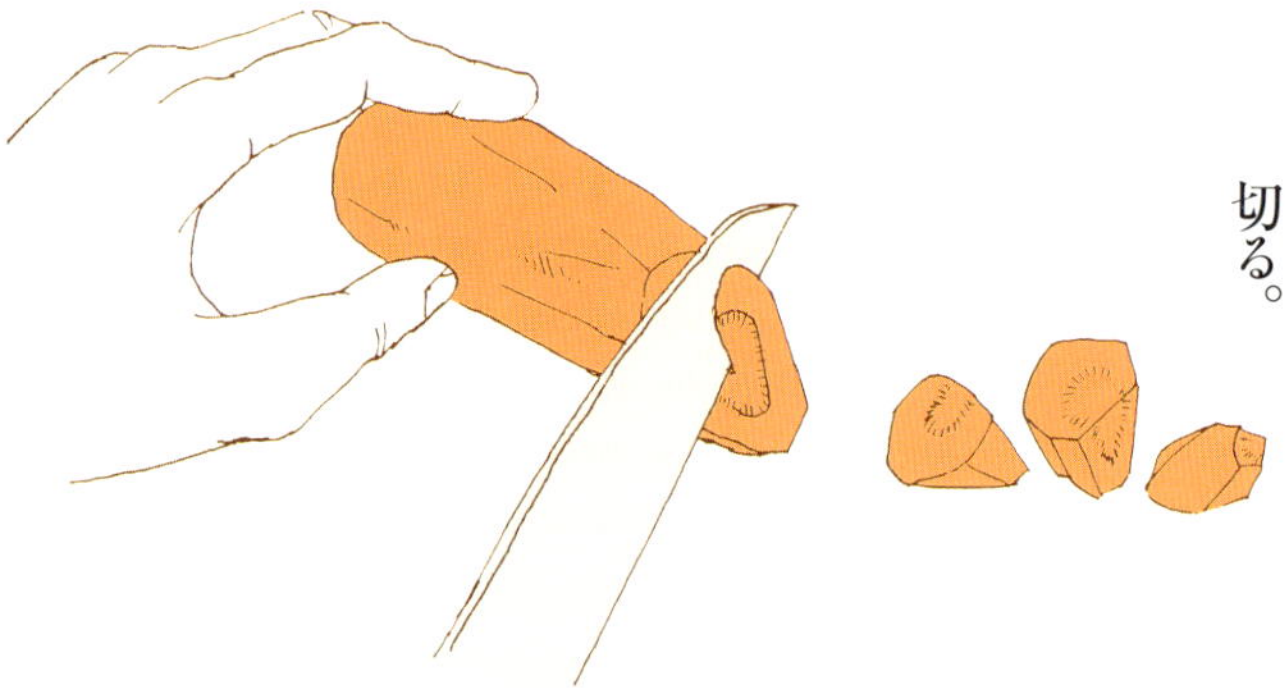

［乱切り］
回しながら
切る。

効果

① 味がしみこみやすい。

② 火の通りが早い。

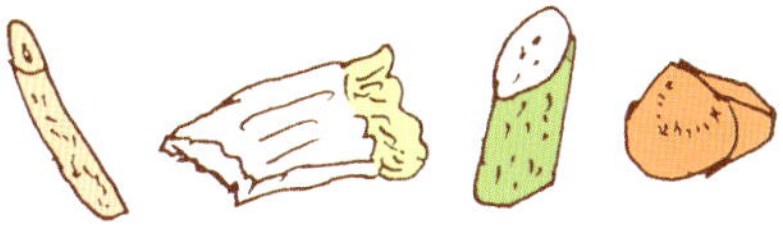

表面積が大きいほど味がしみこみやすい

コツを解剖

材料を回転させながら、不規則な形に切る乱切り。この切り方は切断面が多いため、表面積も増える。こうすると、なすやにんじん、れんこんなど、味のつきにくいものでも早く火が通り、味をしみこませることができる。

ポイントは、切るときに形がそろうように回転させること。慣れないと難しい切り方だが、形をそろえることで、火の通りや味のばらつきを抑え、見た目も美しく仕上がる。

54

涙が出ないたまねぎの切り方

① 冷蔵庫で冷やす。

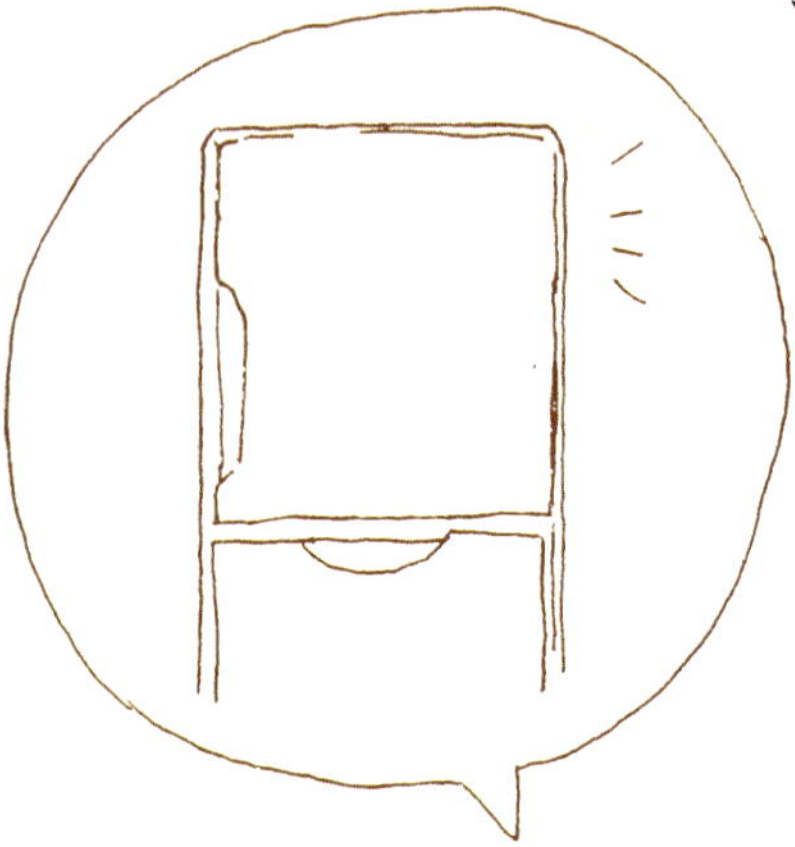

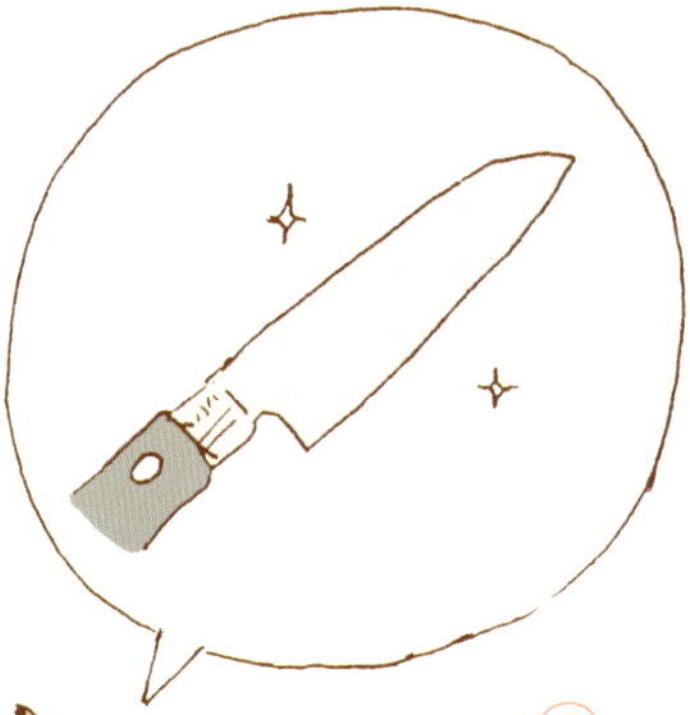

② 切れ味のよい包丁を使う。

①
効果

涙が出るのを防ぐ。

ティッシュやメガネも有効。

コツを解剖

たまねぎを切るときに涙が出るのは、細胞を壊したときに出る硫化アリルのせい。これは常温で揮発し、鼻から入ることで涙が出る。これを防ぐには、まず硫化アリルを生成する酵素反応を遅らせるため、冷蔵庫などで冷やす。また、なるべく細胞を壊さないよう、切れ味のよい包丁を使う。

硫化アリルはビタミンＢ１を体内で効率よく使う成分でもある。

55

肉や魚の切り身は洗わない

洗うかわりに加熱によって微生物を除去する。

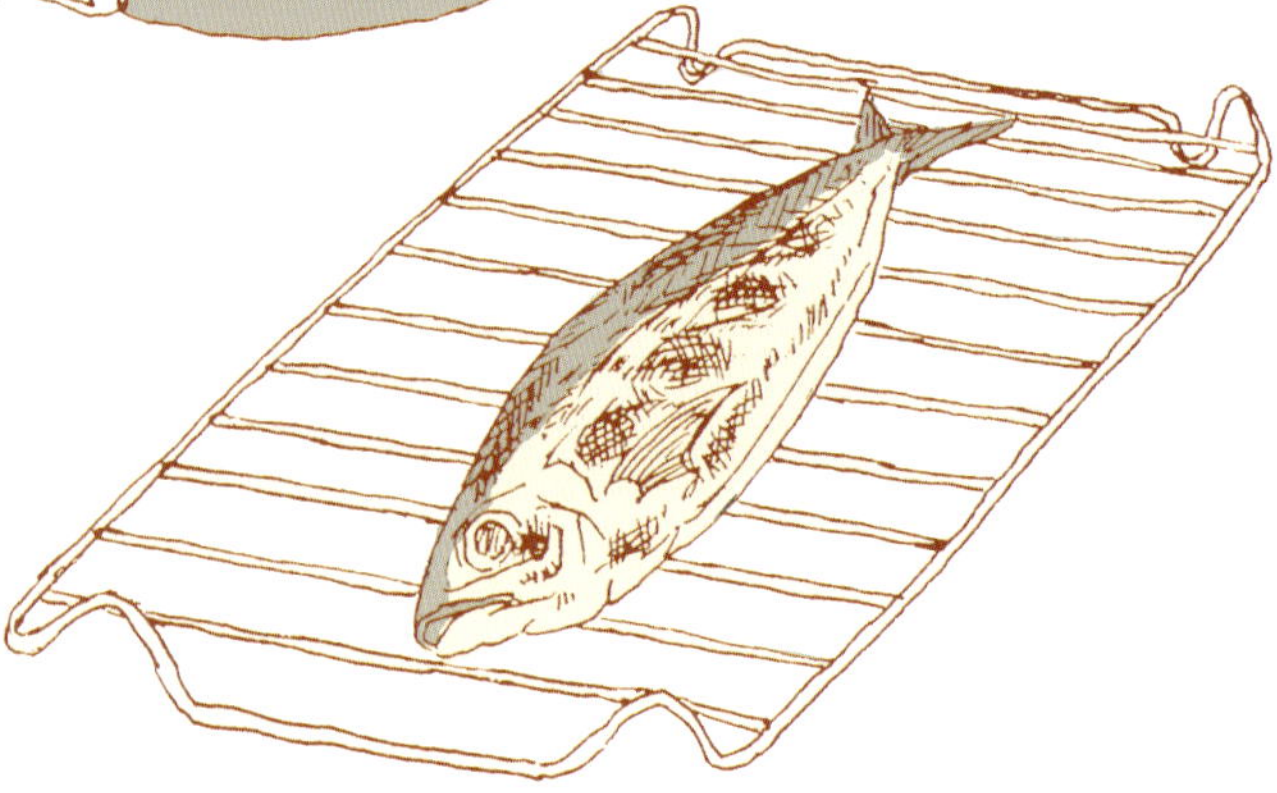

一尾の魚はさばく前に洗い、まな板や包丁など調理器具は清潔にする

効果

①
水に旨みが溶けて味が落ちるのを防ぐ。

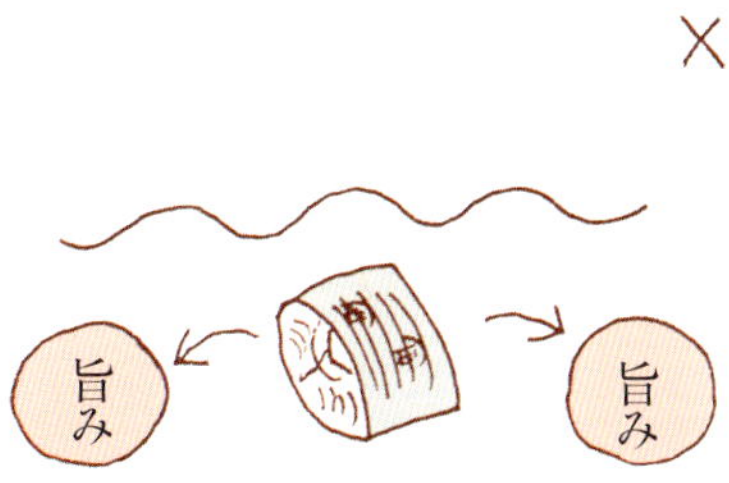

コツを解剖

表面がやわらかく、凸凹の多い肉や魚の切り身は、洗うと潰れたり、変形したりしやすい。しかも、これらの食品に含まれるイノシン酸などの旨味成分は水に溶けやすいため、洗うと味が落ちる。

一尾魚をおろす場合は、内臓の入っていた部分、特に骨の周りをよく洗う。血をよく洗い落とすことで、生臭みもとれる。血や余分な水分が気になる場合は、キッチンペーパーでそっとふきとるようにする。

56

昆布だしは煮込まない

効果

① いらない成分（ぬめりなど）の溶け出しを防ぎ旨味成分だけを取り出せる。

●料理例
味噌汁、お吸い物など

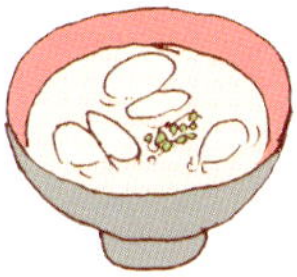

コツを解剖

昆布の細胞組織は丈夫ではないので、熱を加えて細胞を壊すとぬめり成分のアルギン酸や臭み、ヨウ素、色素まで溶け出す。だから煮込むのは避ける。昆布は水から入れ、沸騰前に取り出す。そうすることで、旨味成分のグルタミン酸やマンニットだけを抽出できる。

これらの旨味成分は火にかけず、水に30～60分程度つけておくだけでも十分溶け出す。水は硬水より軟水の方がいいので、日本の家庭なら水道水でＯＫ。

57

かつおだしをとるとき、加熱しすぎに注意

①煮立つ前のお湯に入れる。

1Lに対して2〜4%。

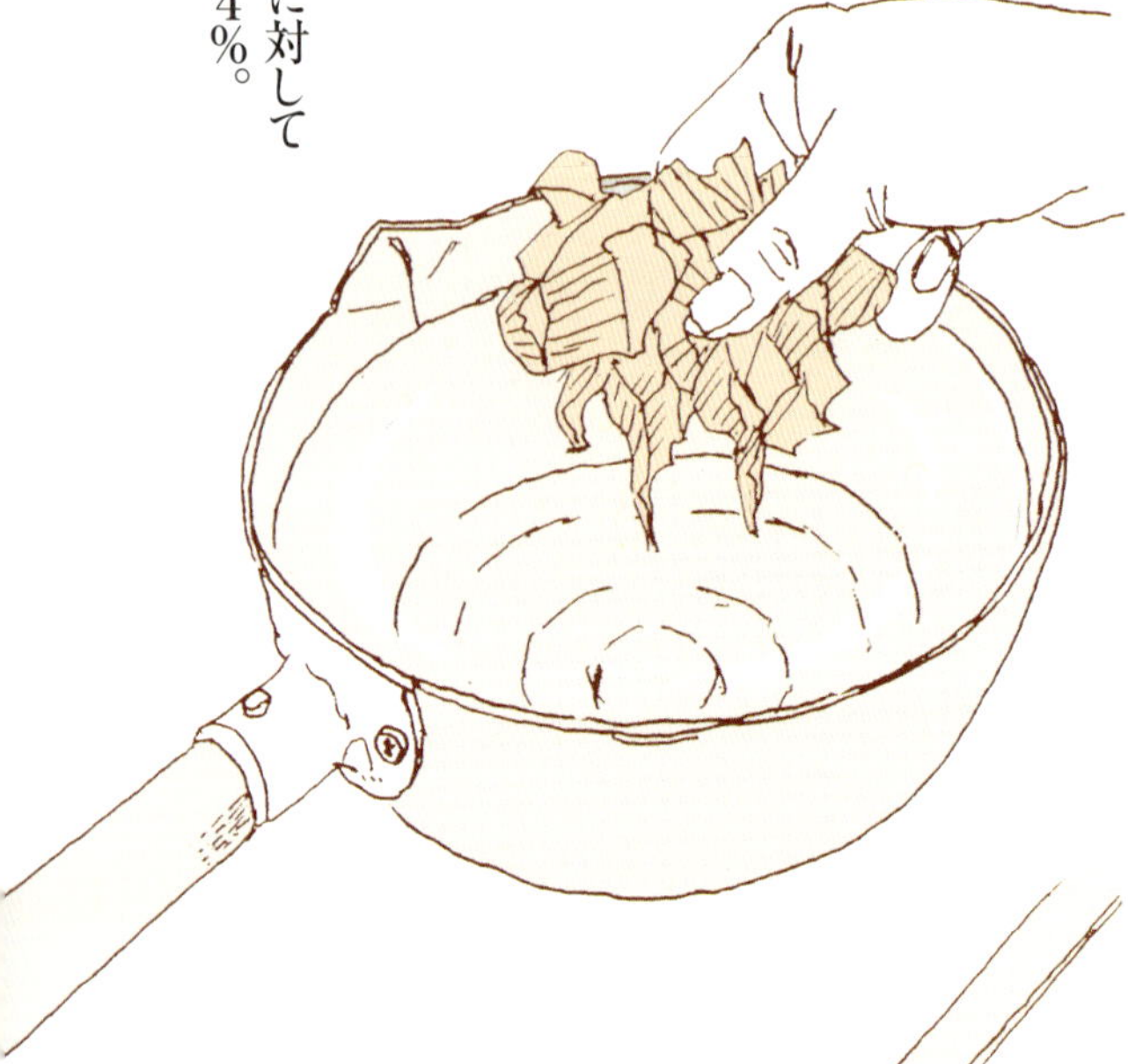

②すぐに取り出すか火を止めて下に沈んできたら取り出す。

効果

① 生臭み、酸味、渋みなど不快な味を防いで旨みだけを抽出できる。

●料理例
味噌汁、お吸い物など

コツを解剖

イノシン酸、ヒスチジンといったかつおだしの旨味成分は、熱湯に溶けやすい。煮立つ直前の湯に2～4％ほどのかつおぶしを入れ、煮立ったら火を止める。ピペリジン、トリメチルアミンなど、魚の生臭みや雑味まで溶け出してしまうので、かつおぶしが沈んだらすぐに取り出す。

かつおだしは、旨みだけでなくその芳醇な香りも特徴。香りは揮発性なので、これを活かすためにも長時間の加熱は避けた方がいい。

58

チャーハン、焼きそばを水っぽくしない方法

① ごはん、麺（カタめに炊くか冷飯）を温め水分を飛ばす。

② 油はしっかり入れる。

［チャーハンの場合］
ごはんの5%

［焼きそばの場合］
麺をほぐすのに
水ではなく
酒をふりかける

効果

① ごはんや麺の水分を少なくする。

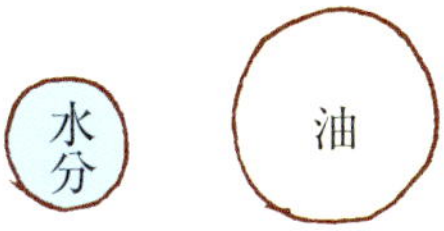

油多め
水分少なく
が大事

コツを解剖

ポイントは、水分量と油脂量。焼きそばをほぐす際、水ではなく酒を使う。アルコールは水よりも蒸発しやすいので水っぽくならず、旨みも加わる。ごはんもカタめに炊くか、冷飯を使う。麺も冷飯も電子レンジで温め、水分を飛ばしておくとよい。また、ごはんにあらかじめ卵をからめてから炒めると、米粒が卵でコーティングされてパラパラとした仕上がりになる。その場合、くっつかないように油をやや多めに使う。

59

大根を煮るとき、下面に十文字の切り目を入れる

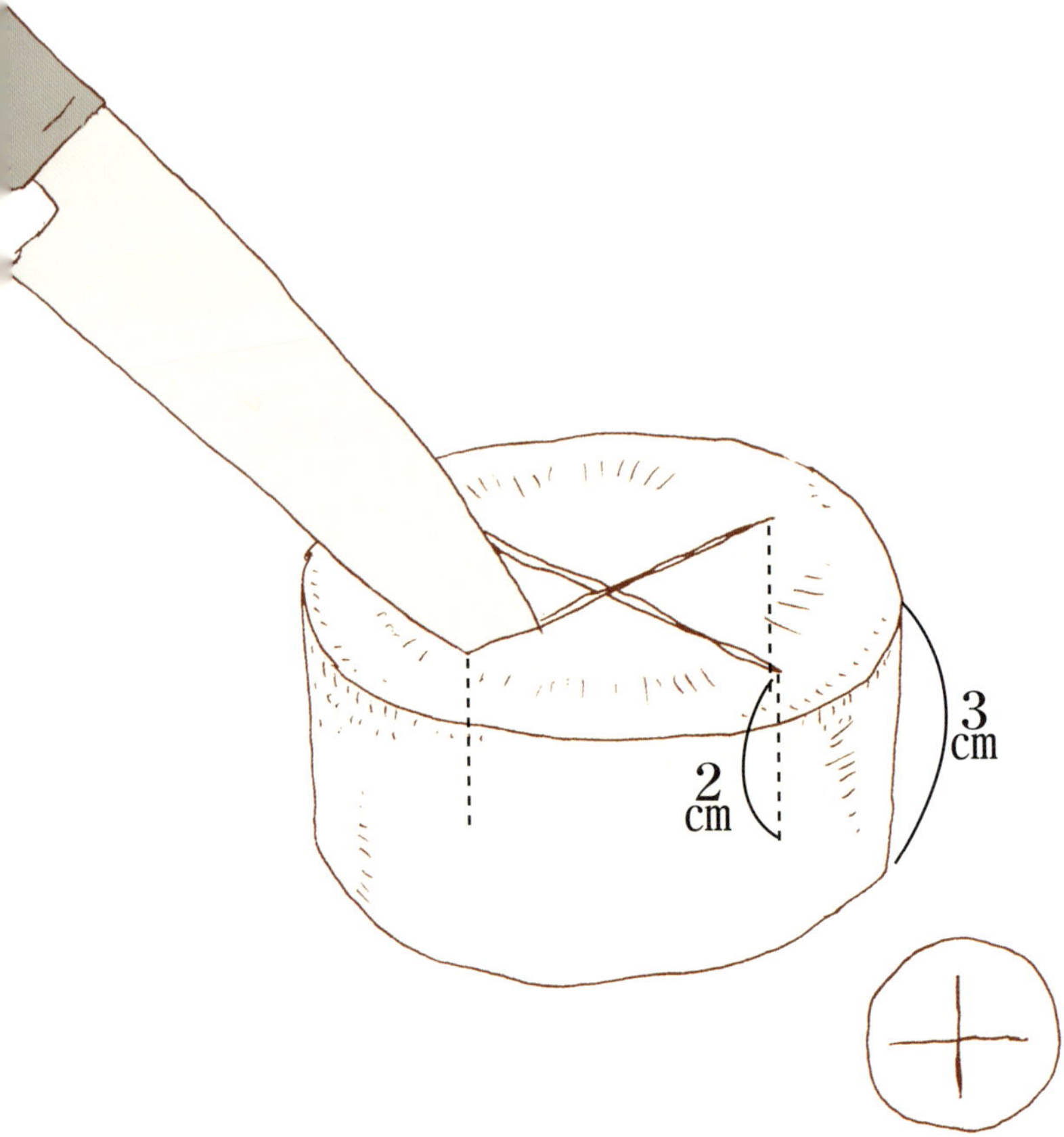

鍋に入れるとき切り目を入れた面を下に向ける。

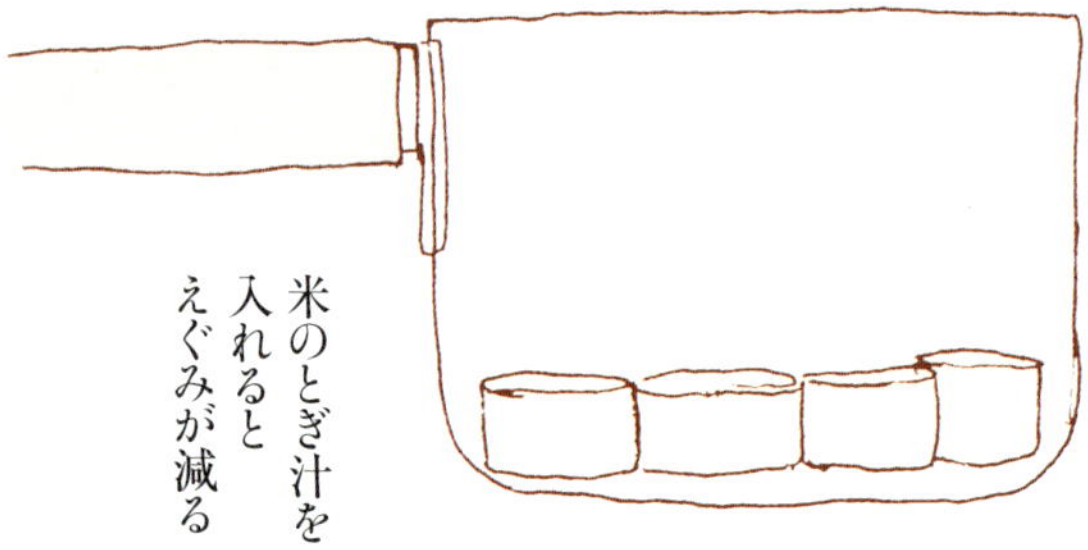

米のとぎ汁を入れるとえぐみが減る

① 効果 煮えやすく、味がしみこむ。

●料理例
ふろふき大根、ぶり大根、おでんなど

コツを解剖

ふろふき大根のように、厚切りのものを煮るときは片面に十文字の切り目を入れる。これを隠し包丁という。

切り目の深さは、大根の厚みに対して3分の2くらい。3cmの厚みがある大根なら2cmくらいの深さまで切り目を入れるとよい。こうすることで早く中まで火を通し、味をしみこませることができるため、型崩れしにくい。

ゆでる際に米や米のとぎ汁を加えると、でんぷんがえぐみ成分を吸着してくれる。

60

ごぼう、れんこんは切ったら、酢を入れた水に漬ける

1Lに対して大さじ2杯程度酢を入れる。

① 効果

変色を防ぐ。

●料理例
すばす、ごぼうサラダなど

コツを解剖

ごぼうのクロロゲン酸やれんこんのタンニンは、空気に触れると酸化酵素によって酸化する。切ったまま置いておくと切り口が褐色に変色するので、酸化酵素の働きを止めるため、水に漬ける。

また、れんこんに含まれるフラボン系色素は酸性で白く変色するため、このとき水に酢も加えるとよい。酢の量は水に対して3〜5%。1Lの水に対して、大さじ2杯ぐらい。これで、ごぼうやれんこんも白く仕上げることができる。

61

サンドイッチの野菜の水分をキッチンペーパーでふきとる

15～20分置いておく。

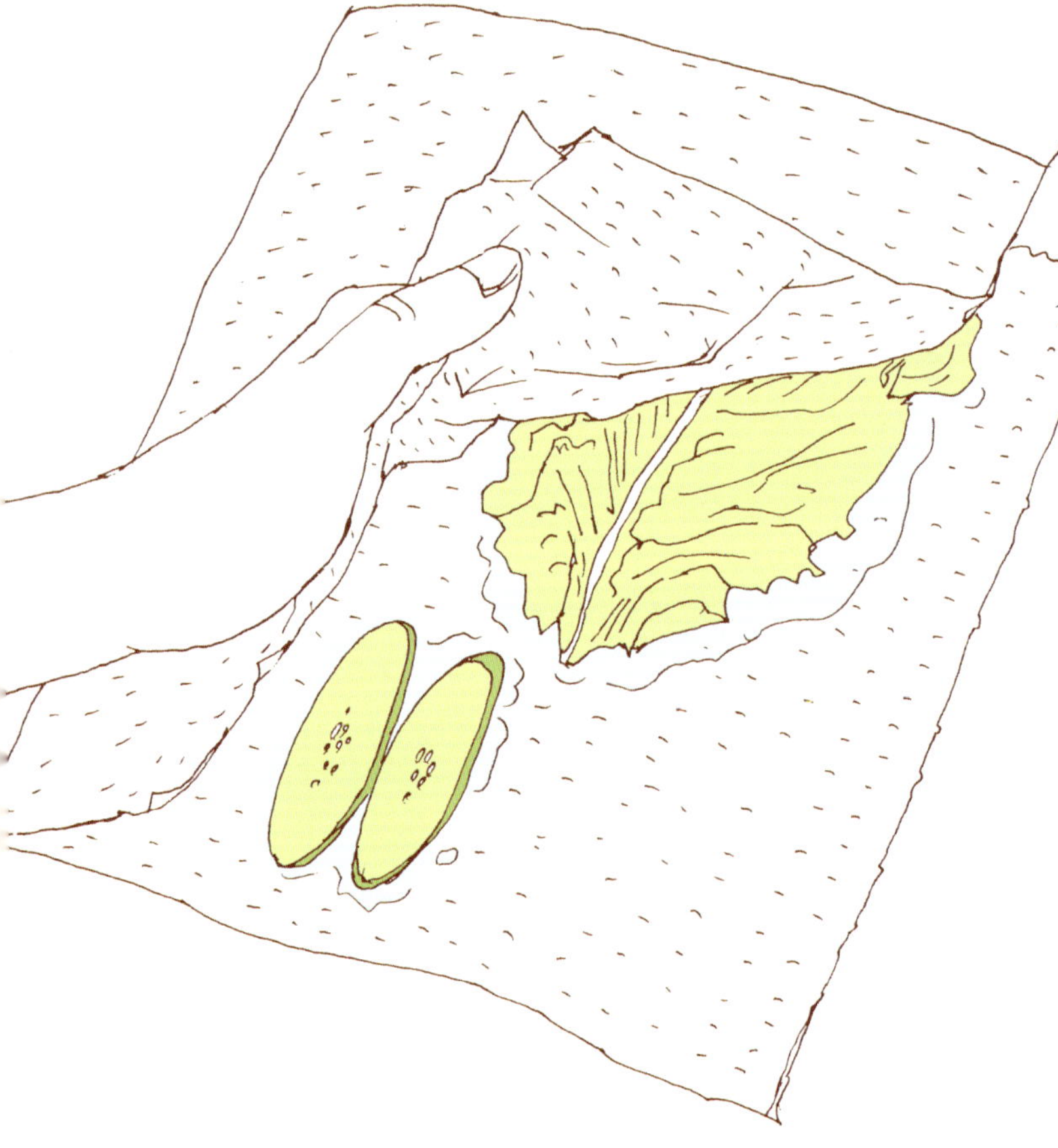

①

効果

水分がにじみ出るのを防ぎパンの具が水っぽくならない。

● 料理例
サンドイッチなど

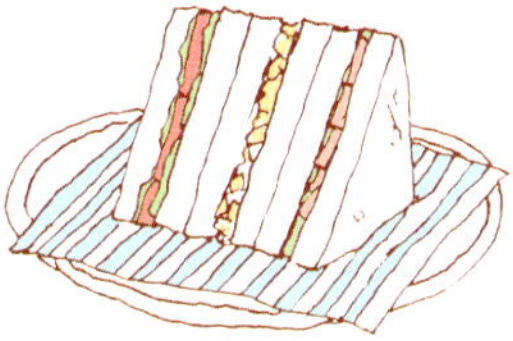

コツを解剖

サンドイッチによく使われるレタスやトマト、きゅうりといった野菜は95%ほどが水分。そのため、作り置きすると野菜から水分が出てしまう。パンや具が水っぽくならないよう、野菜はキッチンペーパーでしっかり水気を切る。それでもトマトは水分が多いので、パンに直接触れないよう、間に水気を切ったレタスやハムをはさむとよい。長時間置く場合は野菜に塩をふる方法もあるが、パリッとした食感はなくなる。

調理のコツ

食べられなくはないけど、
いまいちおいしくない。
それには必ず原因があります。
失敗しない、調理のコツを紹介します。

62

肉や野菜は強火で、短時間で炒める

短時間でサッと。

効果

①水っぽくならない。

②素材の歯触りや持ち味を活かせる。

●料理例
野菜炒め、ホイコウロウ、チンジャオロースなど

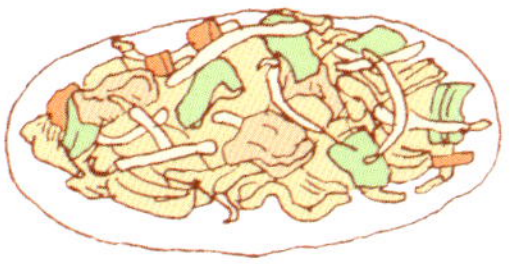

コツを解剖

炒め物は高温短時間加熱なので、食品の色や味、栄養の損失が少ない。強火でサッと炒めれば形や組織を崩しにくいので、旨みの成分や水分を閉じ込め、食材本来の歯触りや持ち味、色味を活かすこともできる。

しかし、温度が低いまま長時間炒めると食材から水分が出てベチャッとしてしまう。効率よく短時間で調理するためにも、下準備はしっかり行う。材料、調味料、器なども用意してから始めるとよい。

63

肉、野菜、卵を炒める順番は？

肉、野菜、卵の順番で。

効果

①肉の旨みが他の食材に行き渡る。

②野菜の水分を卵が吸収し水っぽくならない。

●料理例
ゴーヤチャンプルなど

コツを解剖

最初に肉を炒めることで、肉の旨みを全体に行き渡らせる。ただし強火で熱したんぱく質を凝固させ、旨みが流出しすぎないように。

次に野菜を入れるが、野菜は長く炒めると水気が出てくるので、水気が出ないうちに卵を入れる。

最後に卵を入れることで、たんぱく質の熱凝固により、水分を吸収して、全体がベチャッと水っぽくなるのを防いでくれる。

64

なすの調理法、色と味がいいのは？

一位
揚げる。
［揚げなす］

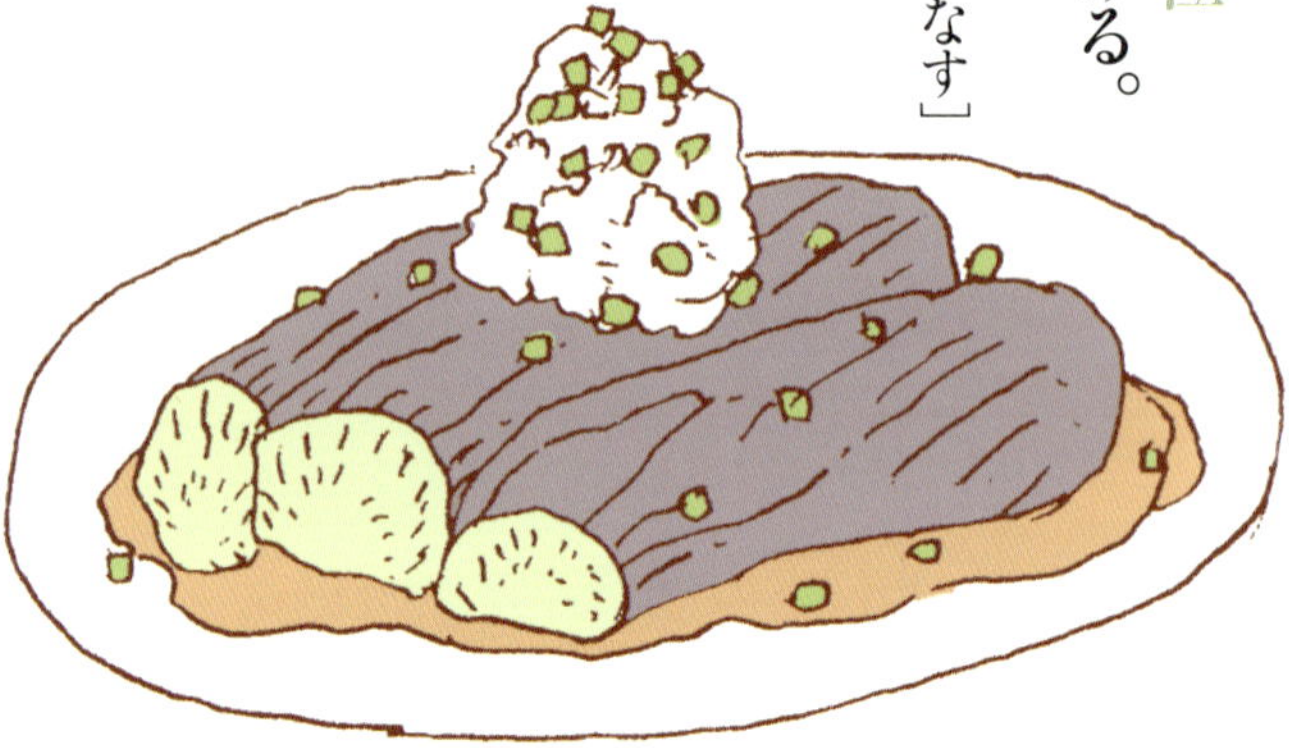

二位
炒める。
［麻婆なす］

三位
焼く。
［焼きなす］

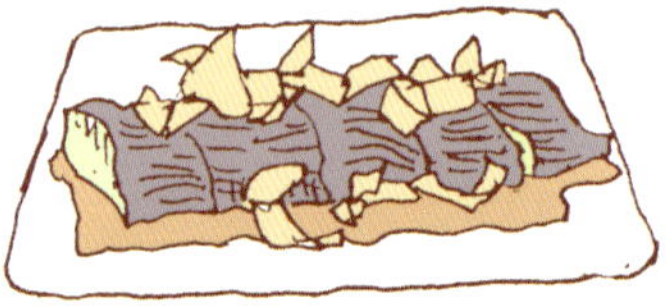

四位
煮る。
［なすの煮物］

五位
蒸す。
［蒸しなす］

効果（揚げた場合）

①色が美しく仕上がる。
②えぐみが気にならない。

油を吸いにくくするコツ

高温で調理する

揚げる前に油をまぶす

コツを解剖

なすは油との相性がよいと言われる。これは、油の風味でなすのえぐみが気にならなくなるから。

また、なすの紫色の色素であるナスニンは、アントシアニン系色素なので水に溶けやすく、煮る、ゆでるといった100℃以下の調理では変色しやすい。しかし、高温で揚げると変色することもなく、彩りもきれいなまま調理することができる。そのため、揚げたり炒めたりした方が、色も味もよくなる。

65

お肉や魚を焼くときに小麦粉をまぶす

ビニール袋を使うと使う粉が少なくて効率がよい。

効果

①旨みや脂が溶け出すのを防ぐ。

②香ばしさが付加される。

●料理例
ムニエル、ピカタ、竜田揚げ、唐揚げ、フライなど

コツを解剖

加熱によって肉や魚から溶け出す旨みや脂は、そのまま流出してしまう場合もある。しかし、表面に小麦粉をまぶすことにより、加熱凝固した小麦粉でんぷんが、肉や魚から旨みや脂が溶け出すのを防ぐ。そのため、素材の味を持続させることができるのだ。

さらに焦げた小麦粉の香ばしさは肉の風味を引き立てる。小麦粉は、余分につけると焼き上がりが汚くなるので、なるべく薄く均一につける。

66

ぎょうざを焼くとき、最初に湯を入れる

湯が蒸発したら油を加え、適度に焼き色をつける。

効果
①
蒸し焼きになり中まで火が通る。

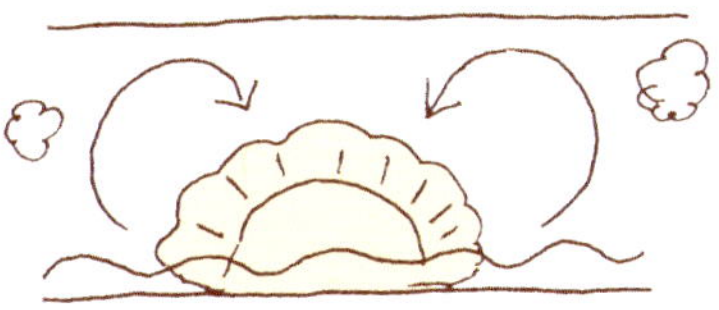

コツを解剖

ぎょうざのように、焼いても鍋に接しない部分がある場合、全体に火を通すのは難しい。表面だけが焦げ、中は生焼けになってしまう。また、皮の上部は乾燥し、でんぷんの糊化が進まないので、もっちりした食感にならない。

しかし、これらはお湯を入れることですべて解消される。最初にお湯を入れ、蒸発したら油を全体に回し入れて焦げ目をつける。こうすることで全体がムラなく一気に加熱され、カリッと仕上がる。

67 なめらかなホワイトソースの作り方

コツを解剖

バターと小麦粉は1：1の分量でサラサラになるまで4～5分炒める。これで粘度の低いルウに仕上がる。だまにならないようにするには、このルウを40℃まで冷ますのがポイント。

　牛乳は膜ができないよう、60℃位に温めておく。まず、1／4の牛乳を入れて、すばやく撹拌。よくなじませながら残りの牛乳も入れ、沸騰直前まで加熱する。あとは目的に応じて濃度を調節するとよい。

効果

①ダマにならずなめらかになる。

①バターと小麦粉を炒める。

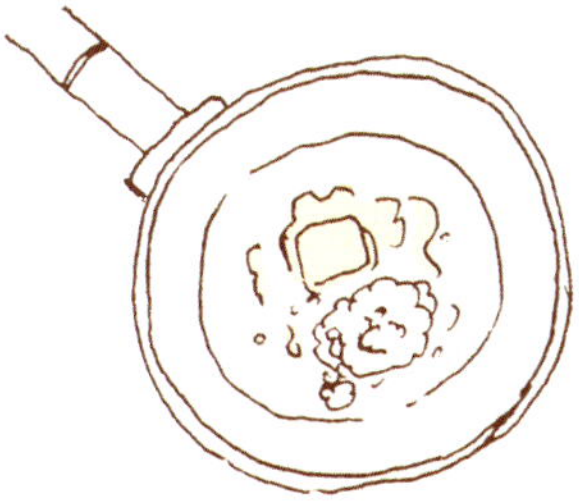

②40℃まで冷ます。

③1／4の牛乳を入れて混ぜる。その後、残りを入れる。

④沸騰直前まで加熱。そのまま煮込む。

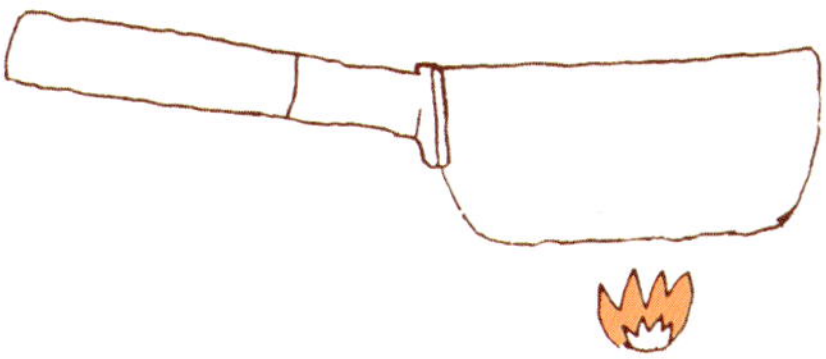

68

香ばしいローストビーフの焼き方

コツを解剖

ローストビーフをつくる際、かたまり肉をそのままオーブンで焼くと香ばしさが足りない。だから、オーブンに入れる前に必ず一度フライパンで表面を焼く。先に塩をふるとしっかり味がつくが、塩をしたところが焦げつくので好みで。

焼きあがったらオーブンから出し、逆さにしたボウルを被せるか、アルミホイルで包んでしばらくねかせる。こうして徐々に温度が下がるようにすると肉汁が出ず、パサつかない。

①
オーブンに入れる前に
フライパンで
焼き色をつける。

②
オーブン
100度で
30〜50分くらい。

③
あら熱がとれたら
1〜2時間休ませる。
好みの厚さに
切って食べる。

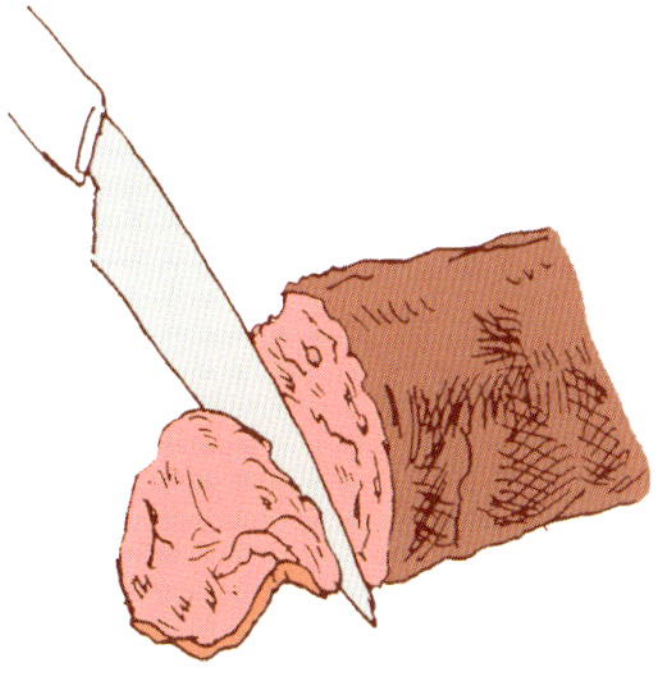

味付けのコツ

「おいしい」を左右する味付け。
でも、「なんとなく」とか、
「勘」でやっていませんか。
正しい味付けのコツを紹介します。

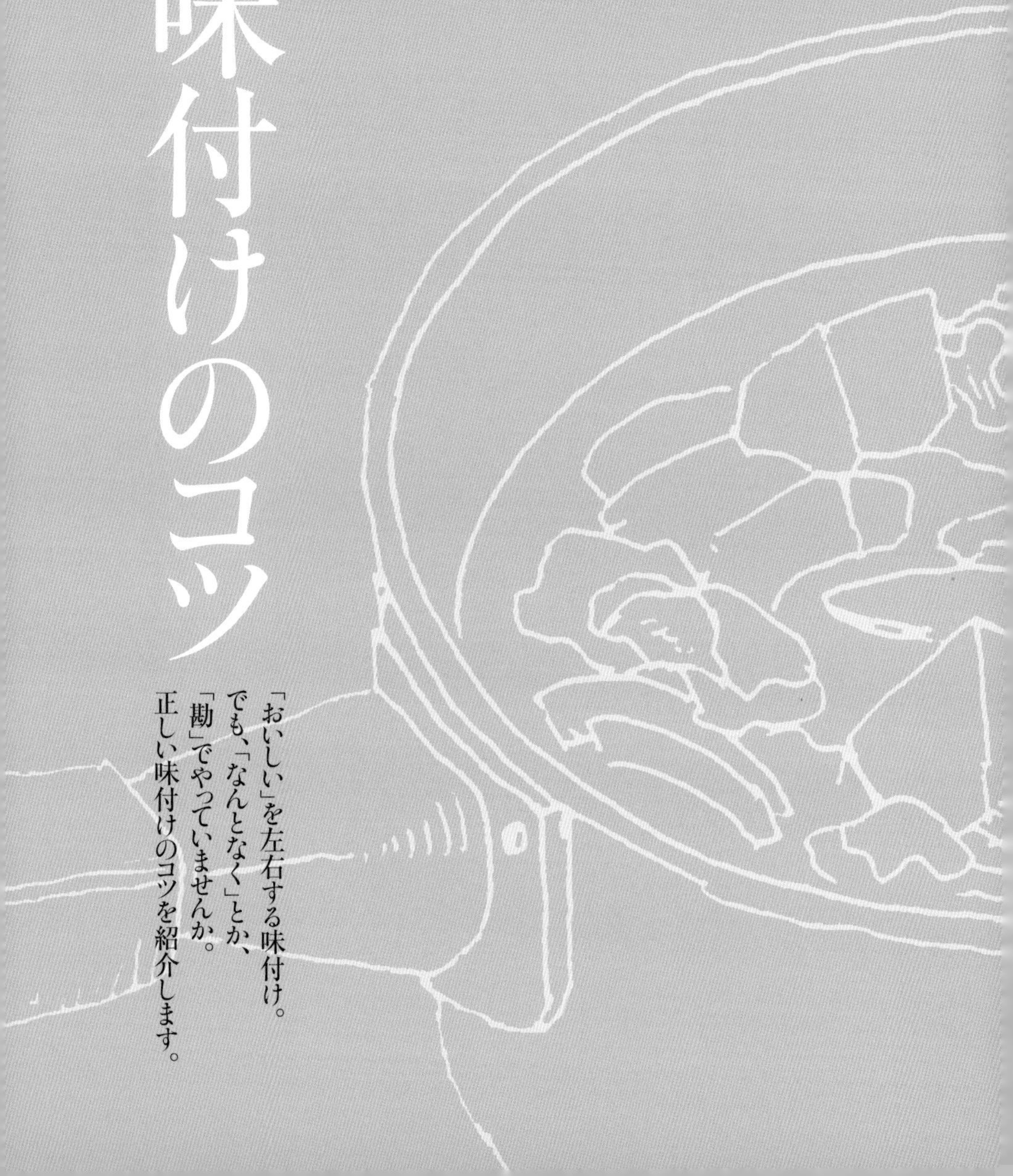

69

野菜炒めの味付けは最後に

① 合わせ調味料。

② 塩こしょうで味を調える。

効果

① 水分が出てベチャッとなるのを防ぐ。

途中で入れるとベチャッとする。

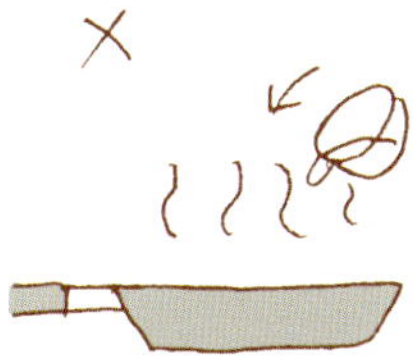

コツを解剖

野菜を炒めている最中は、加熱によって中から水分が流出している状態。そこで塩などの調味料を加えてしまうと、脱水作用によってより水分は抜ける。そんな状態で味付けをしても、全体的に水っぽく、ベチャッとした仕上がりになってしまうだけ。味付けも薄く感じるので、過剰に調味料を加えることになり、塩分の摂りすぎにもつながる。

そうならないためにも、野菜炒めの味付けは必ず最後にする。

70

煮物を煮たあと、ねかせる

① 沸騰後4、5分で味付けをする。

② 煮たあとにねかせる。

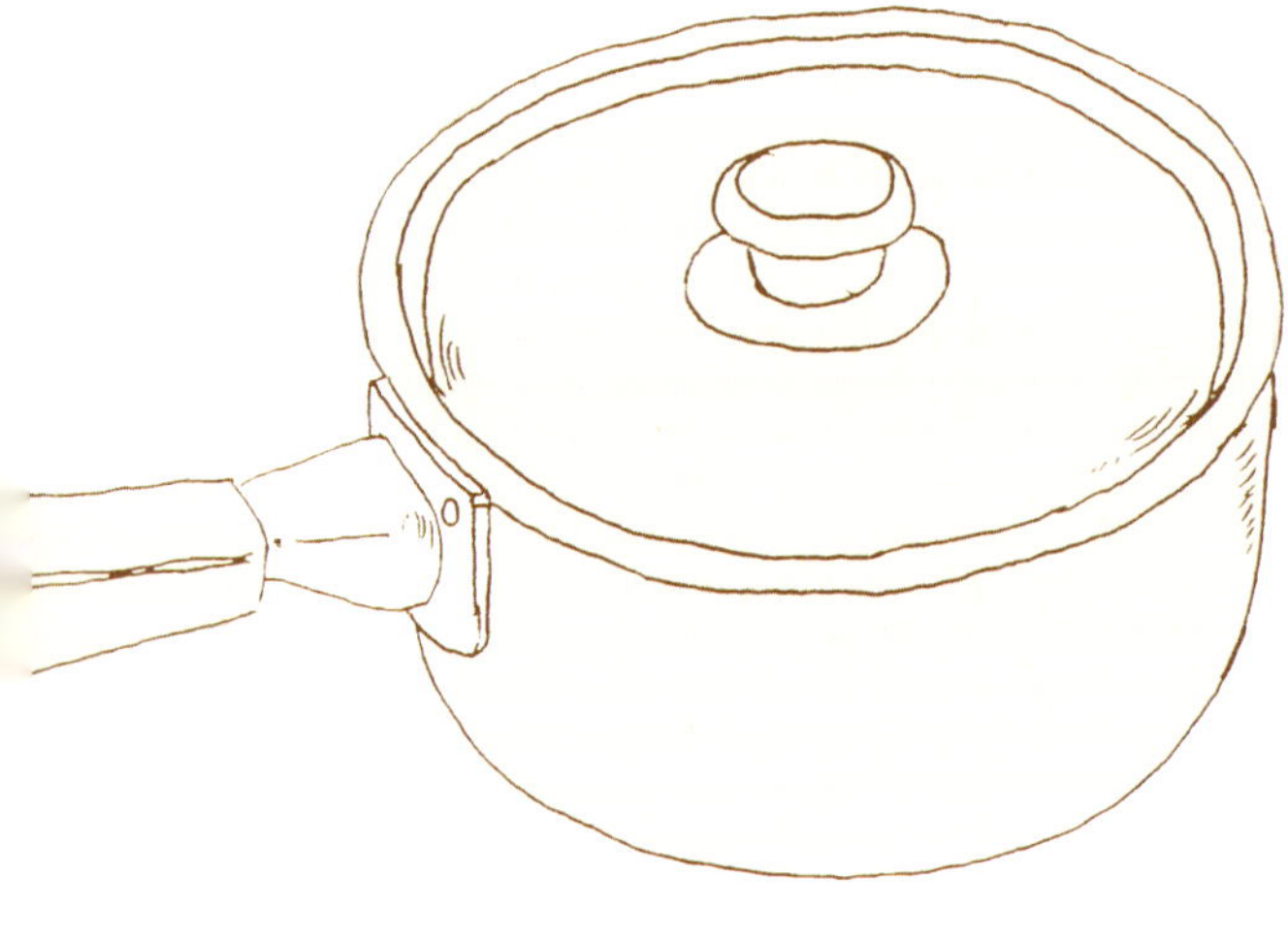

効果

① 味をよくしみこませることができる。

●料理例
肉じゃが、筑前煮、黒辛の煮ころがしなど

コツを解剖

煮物は、沸騰してからだいたい4、5分で調味料を加え、味付けをする。ただ、「煮物の味は冷えるときに染み込みやすい」と言われる。これは、沸騰させることで食材内部の水分が気化し、温度が下がると外部より内部の圧力が低くなるため。水分が抜けたぶんだけ煮汁を吸収するので、早く味がしみこむ。そのため、ふろふき大根など、味をよくしみこませたい場合は煮たあとに火を止め、しばらくそのままねかせる。

71

炊き込みごはんに調味料を加えるタイミング

① 白飯のときと同じ分量の水を入れる。

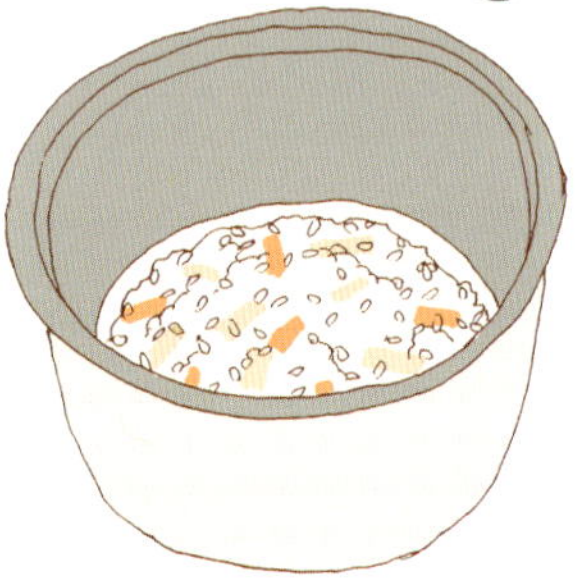

② 調味料を加える分量だけ水を捨てる。

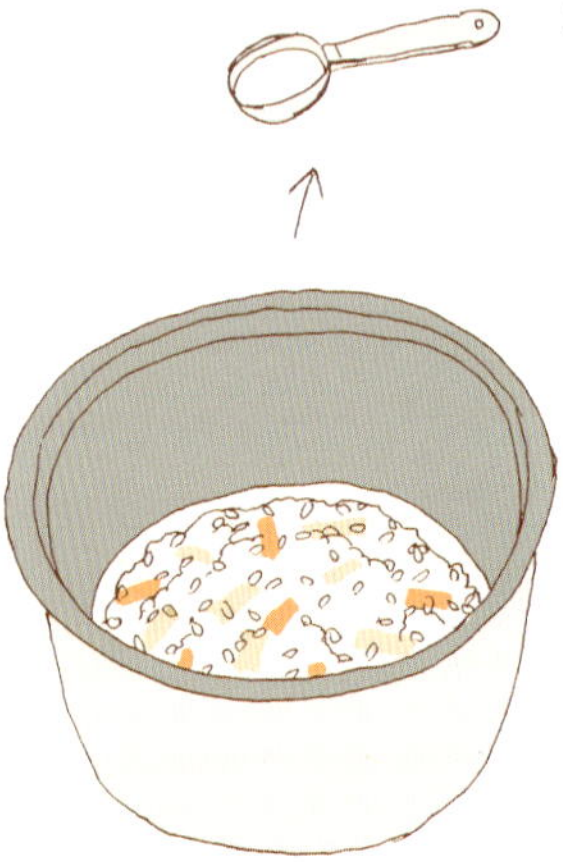

③ 炊く直前に調味料を加える。

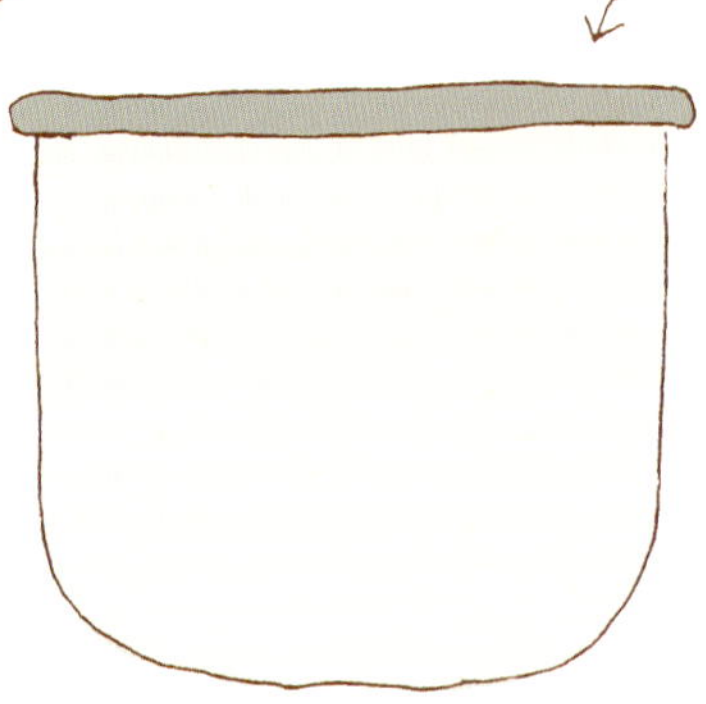

効果

① 芯が残ったり水っぽくなるのを防ぐ。

● 料理例
炊き込みごはん、ピラフなど

コツを解剖

しょう油や塩といった調味料を加えると、米の吸水は阻害される。米は通常ごはんを炊くのと同じように水に浸け、十分吸水させてから加熱直前に調味料を加えるとよい。

しょう油、酒などの液体調味料を加えるときは、その分の水を控える必要がある。しょう油を大さじ1杯入れるなら、その前に米を浸している水から大さじ1杯分の水を取る。そうすることで、炊き上がりが水っぽくなるのを防げる。

72

「さ（砂糖）・し（塩）・す（酢）・せ（しょう油）・そ（味噌）」の順番の意味

効果

①調味料は順番に入れても、同時に入れても味は変わらない。

●料理例
肉じゃがなど

コツを解剖

味がよく染み、やわらかく仕上げるための順番といわれる調味料の「さしすせそ」。しかし、この違いは体感できるレベルのものではなく、調味料を同時に加えても味の差はほとんどないという実験結果もある。そのため、必ずしもこの順序を守る必要はない。

ただ、酢、しょう油、味噌には独自の香りがある。香りは揮発性で、加熱すると飛ぶ。香りを生かしたいときは、加熱の最後のほうで加えるとよい。

73

あんこに塩を加える

最後に煮上がってから入れる。

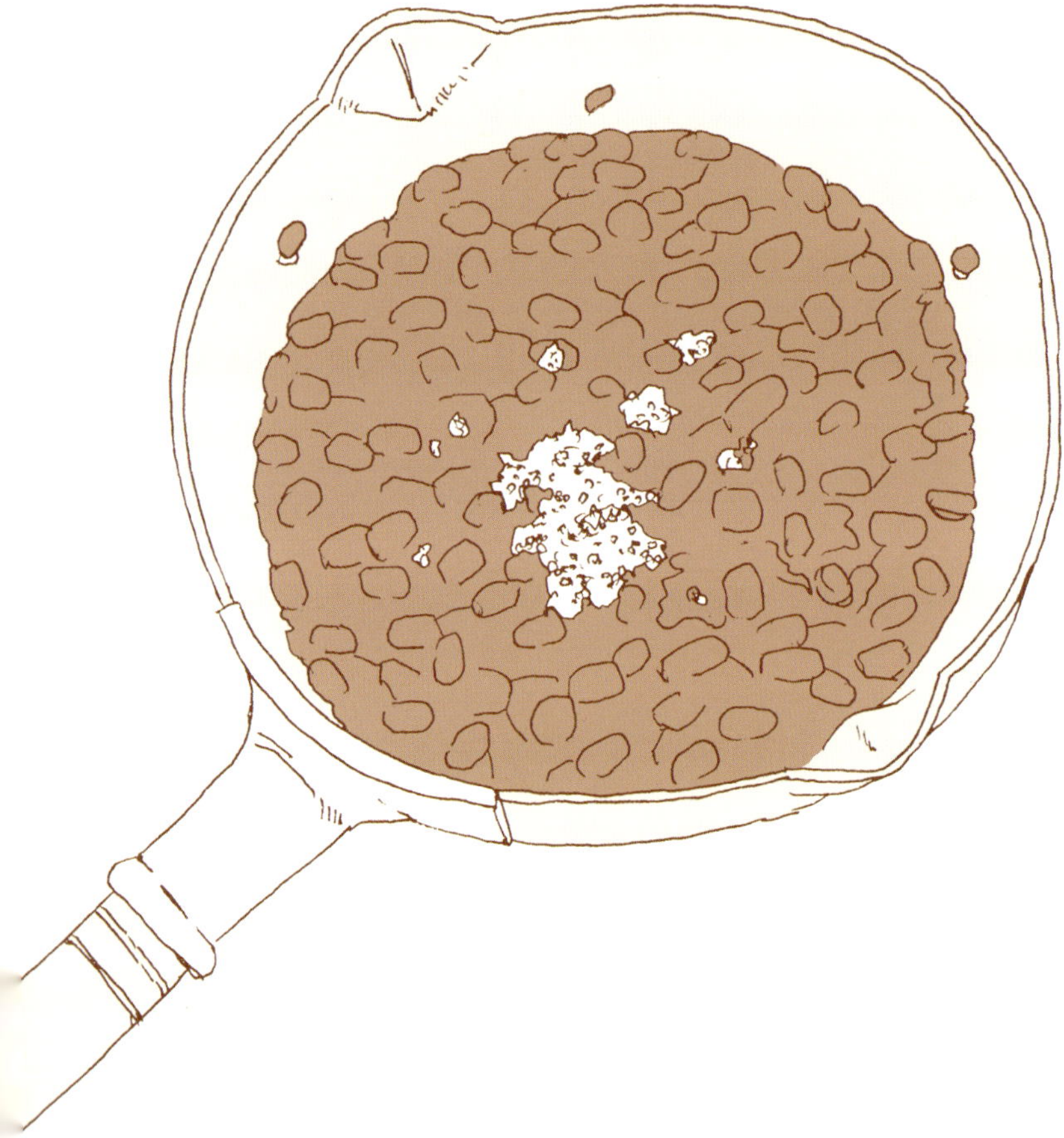

効果

① 味わいが深くなる。

塩を入れるもの
あんこなど

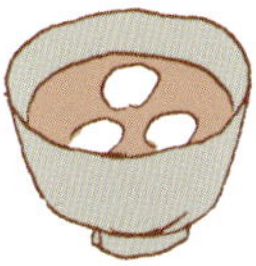

強めに入れるもの
田舎じるこなど

コツを解剖

甘さと辛さのように、2種類以上の味のものを混ぜ合わせたとき、一方、あるいは両方の味が強く感じられる。これを味の対比効果という。

あんこにも塩を加えると、甘さが際立つ。入れるのは塩味を感じない量。0・3%ほどの塩で、甘みが増すように感じる。これは、甘みが増したというより、甘みの質が変化しているから。塩味を感じる0・5%以上加えると、甘みがややしつこく感じられる。

74

砂糖の隠し味

甘みを感じない
量を入れる
（2%未満）。

効果

① 肉や野菜のクセ、トマトなどの酸味をやわらげる。

酸味、
クセ、
生臭さ

コツを解剖

砂糖の働きは、ただ味を甘くすることだけではない。砂糖の甘みは、肉や野菜などのクセのある臭いをやわらげる効果もある。これを「抑制効果」という。トマトの酸味やコーヒーの苦みをやわらげるために砂糖が使われるのもそう。

ハンバーグや肉団子など、ひき肉料理に砂糖少量を加えると、肉の臭みがやわらぎ、おいしくなる。入れる量は甘みを感じない程度（2％未満）にすること。

75

みりんの役割

和食の必須。

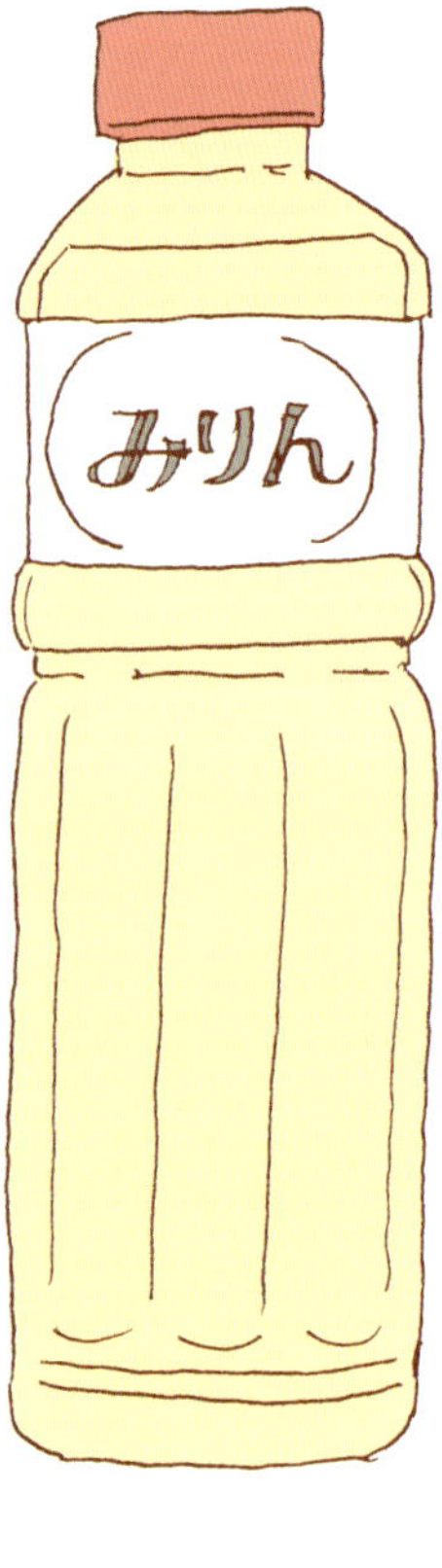

本みりんを使おう。

効果

①照り、焦げ色、風味、コク、上品な甘みを加える。

②臭みを抑える。

糖分は砂糖の半分だが、甘みが弱いので1／3と考える。

コツを解剖

砂糖と同じように、甘みを出すために用いられるみりん。しかし、砂糖では代用できない効果がみりんにはある。美しい照りや焦げ色、豊かな風味、コク、上品な甘みを加え、臭みを消去するのは、みりんならでは。

砂糖に比べて糖分は半分。70～90％がグルコースのため、優しく深い甘みを持つので、使用するときは砂糖の1／3の甘みと考えるとよい。独特の香りは、アミノ酸や有機酸、香気成分から生まれる。

76

ハーブ、スパイス、最初に入れるもの、仕上げに入れるもの

粉末タイプ
仕上げに入れると
香りが強調。

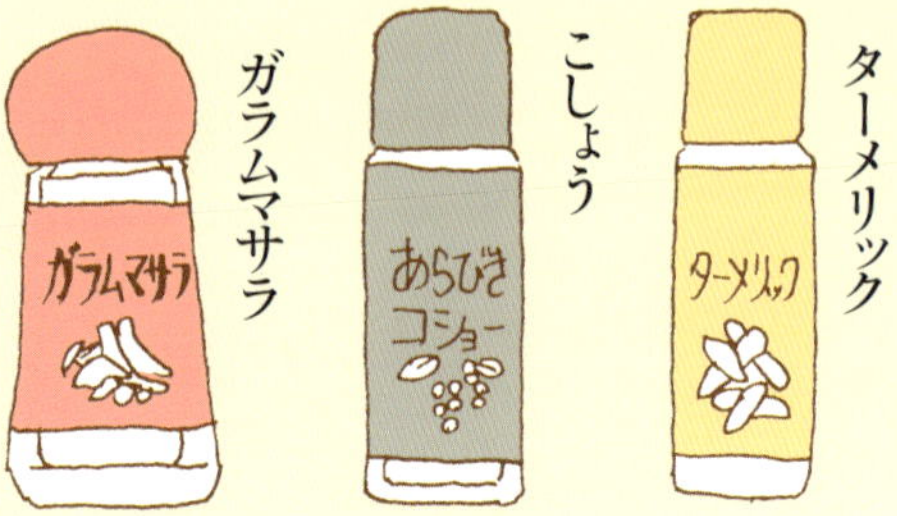

ホールタイプは
はじめに入れる。

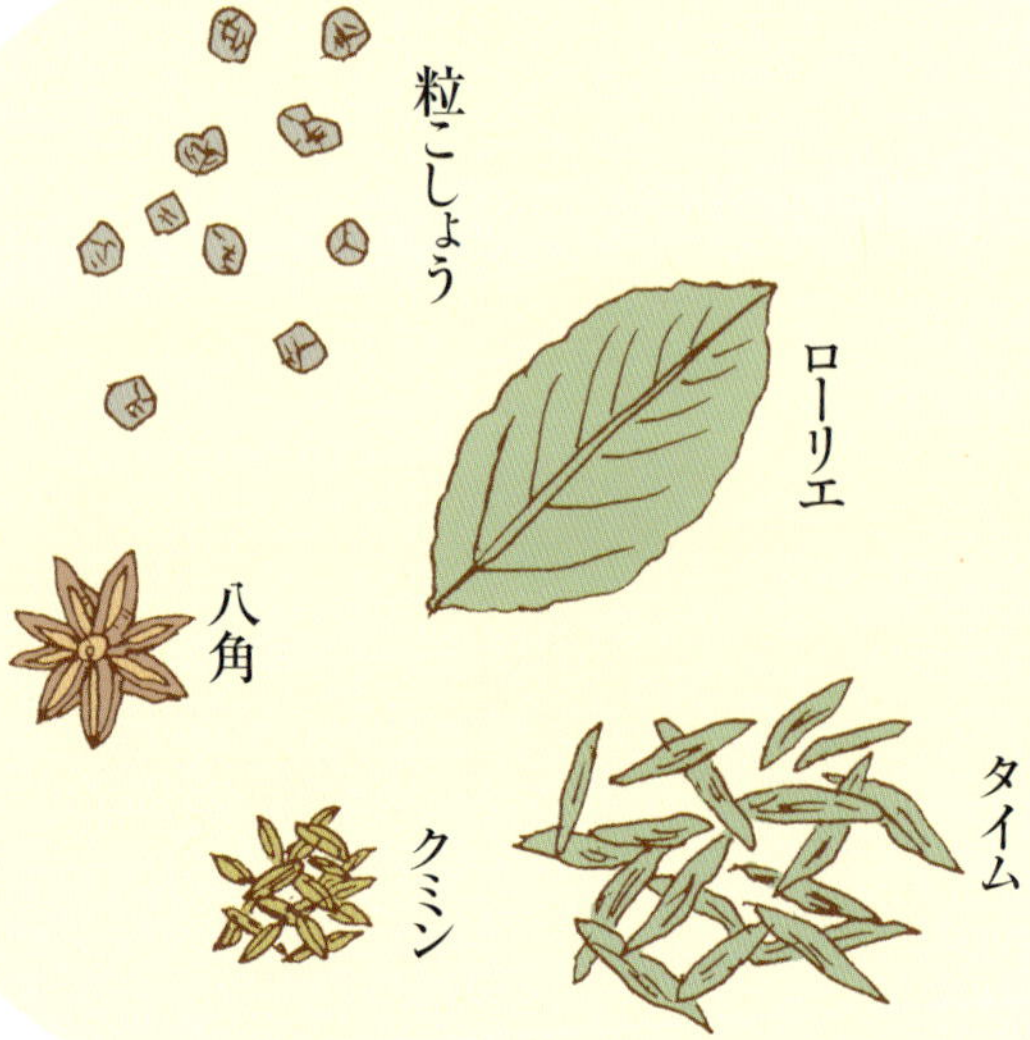

①香辛料の風味を引き出せる。

効果

●料理例
インドカレー
など

コツを解剖

ハーブやスパイスは、料理に香りや彩りを添えるもの。これらの風味は含まれている精油の量で変わる。

精油は揮発性。加熱せずとも徐々に失われる。粗挽きや粉末のものは精油がすぐに揮発するため、早くから入れると風味が弱くなる。一方、タイムやローリエ、粒こしょうなど、元の形を保ったものは精油がじっくり溶け出すので、最初に入れる。香りを強く出したいかどうかで入れるタイミングを変えるとよい。

調理器具のコツ

包丁、鍋、電子レンジ……
道具を正しく使いこなせていますか。
おいしい料理をつくるための、
調理器具のコツを紹介します。

77

包丁は垂直でなく斜めに入れて、前後に動かす

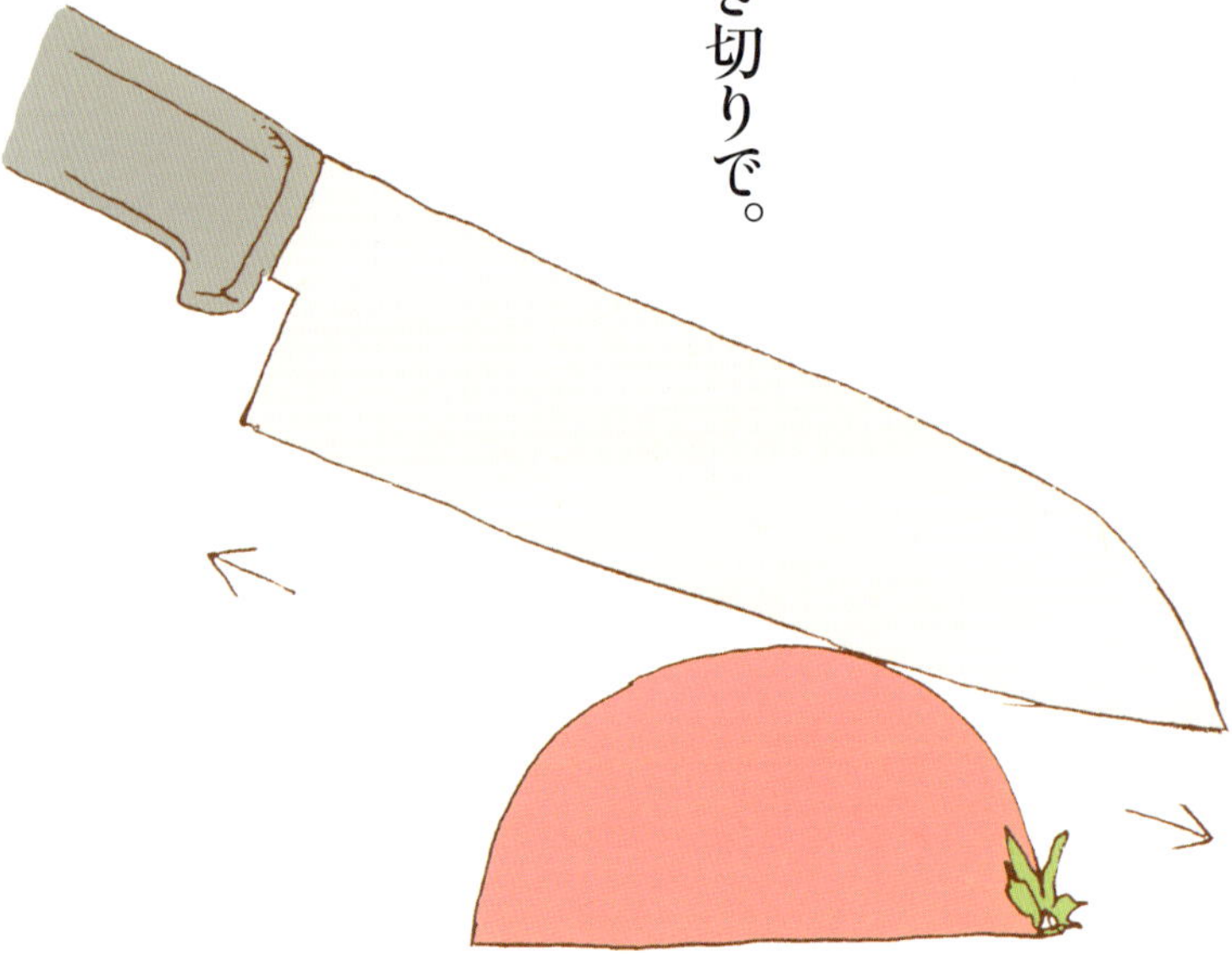

引き切りで。

① 効果

切りやすい。

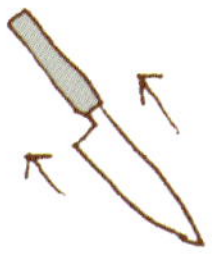

引き切り。

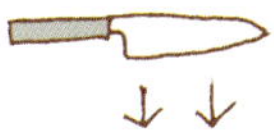

押し切り。

コツを解剖

包丁は真上から垂直に当てて切るのではなく、包丁の押し引きに合わせて動かす。垂直方向の力しかない垂直押し切りより、刃先を下げて前に押し出すように切る押し出し切り、刃先を上げて手前に引きながら切る引き切りの方が、運動が大きくなるので切りやすい。

　豆腐などのやわらかいものなら垂直押し切りでもいいが、ほかの食材を切る場合は押し出し切りと引き切りを組み合わせながら切るといい。

78

炒め物の材料は鍋の大きさの半分以下に

材料の量は、鍋の容量に対して2分の1以下。

① 効果
かきまぜやすく焦げるのを防ぐ。

●料理例
野菜炒めなど

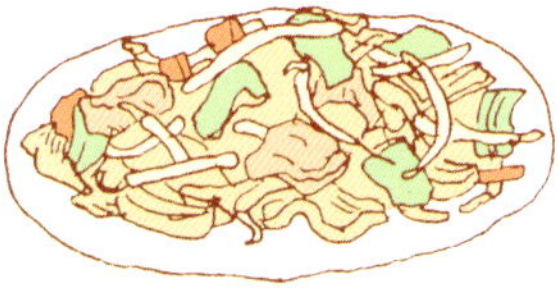

コツを解剖

肉や野菜は強火・短時間で炒めると述べたが、材料が多いといくら強火で炒めても時間がかかる。材料が高温の鍋底に接する割合も少なく、水分の多い材料を使っている場合は鍋自体の温度も下がる。これでは意味がない。

おいしい炒め物をつくるにはムラなく熱を伝え、材料を焦がさず、水分の蒸発を均一にするために絶えず撹拌する必要がある。そのために最適な材料の量は、鍋の容量に対して半分以下。

79

野菜は鍋でゆでるより電子レンジで

1

食べやすいサイズに切って水洗いしてから器に入れる。

2

ラップをして好みのカタさになるまで加熱する。

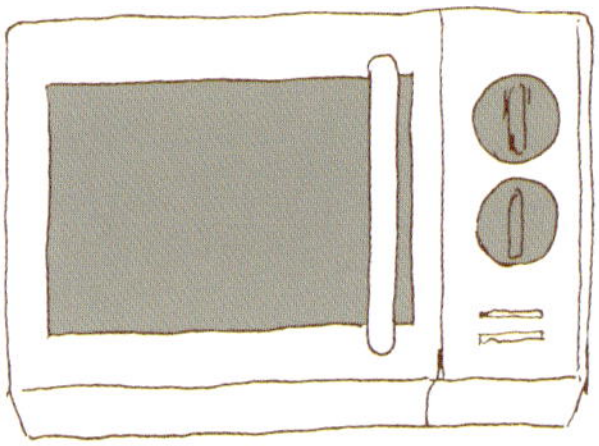

効果

①短時間で仕上がる。

②ビタミン類の流出を防ぐ。

コツを解剖

温野菜ほど電子レンジ調理が向いているものはない。鍋でゆでるのに比べ、加熱時間は大幅に削減できる。また、ビタミン類が湯に溶けて流れ出る心配もない。ブロッコリーの場合、ゆでるよりも電子レンジで加熱したほうが1・5倍もビタミンCが残るとも言われている。

ただし、アクの強い野菜は加熱後に水にさらすか、ゆでて下処理をした方がいい。

●料理例
いんげんのごまあえ、
青菜の煮びたし、
温野菜のサラダ
など

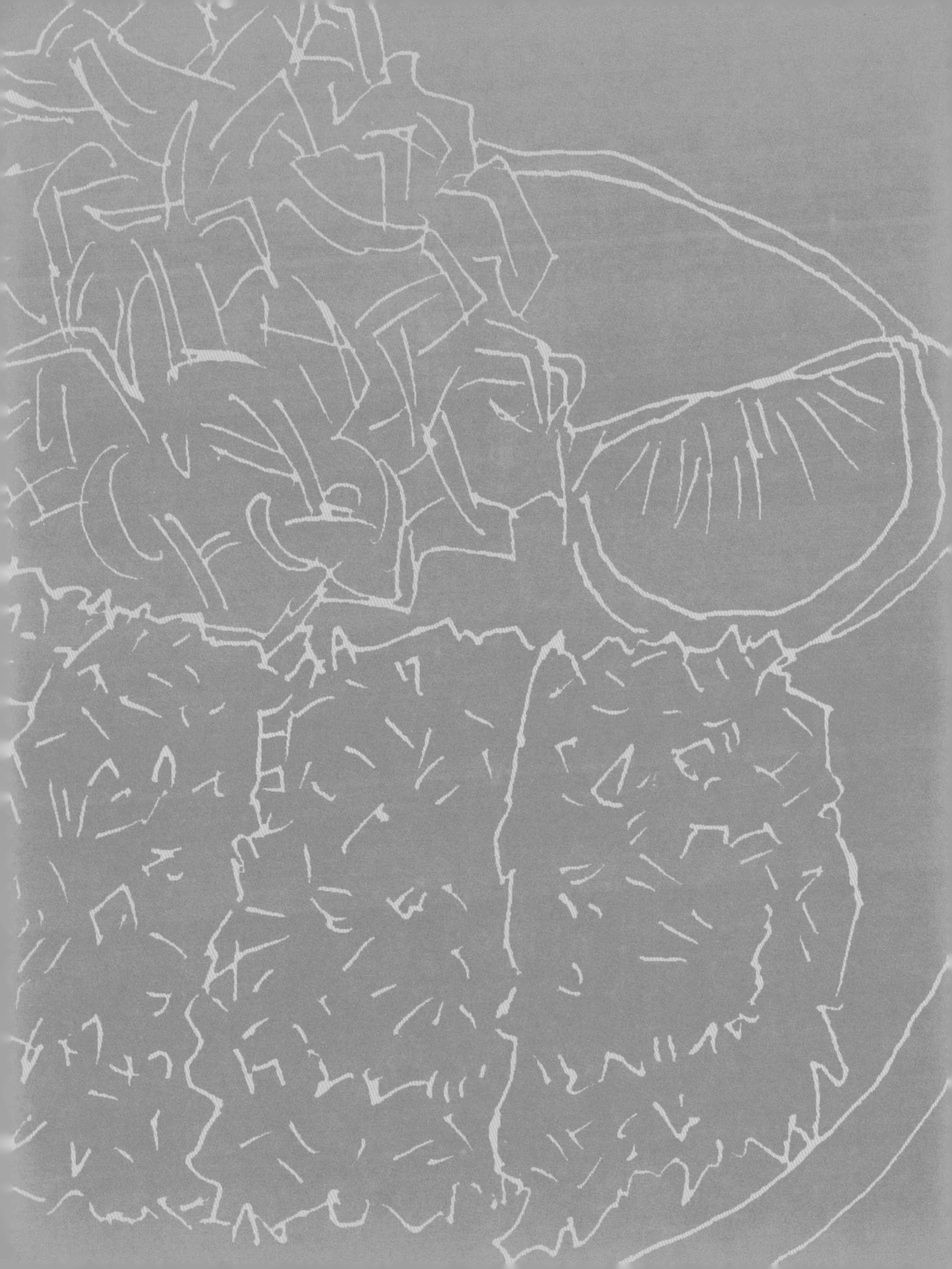

食べ合わせのコツ

とんかつにキャベツ、お魚に大根おろし……
定番の組み合わせには理由があります。
お料理同士を引き立たせる、
食べ合わせのコツを紹介します。

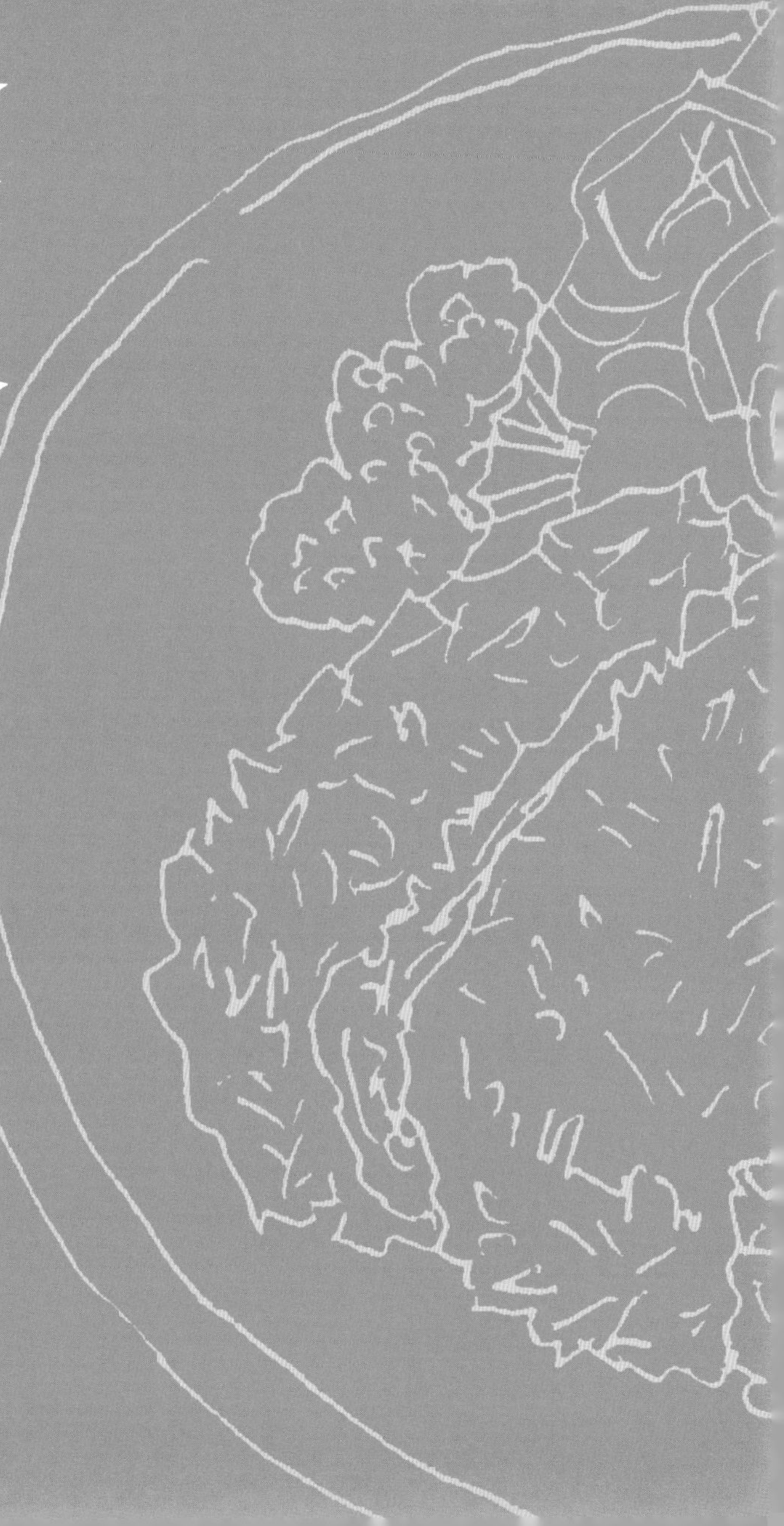

80

とんかつにキャベツの千切り

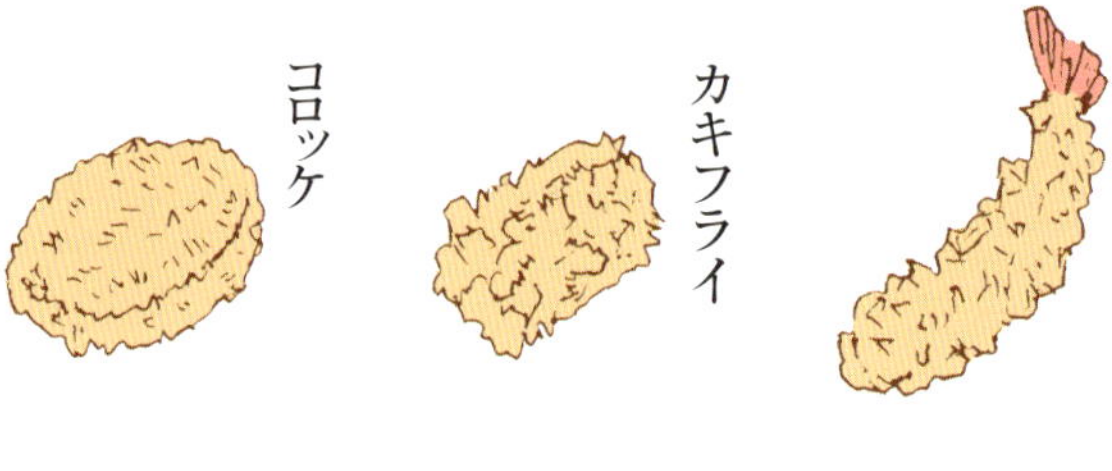

など揚げ物全般に添えるとよい。

効果

①油っぽさをやわらげる。

②胃腸の働きを良くする。

生で食べよう！

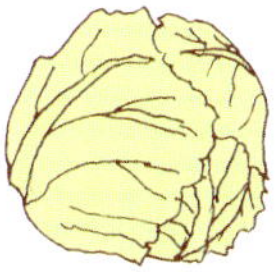

コツを解剖

　とんかつに添えられるキャベツは、口の中をさっぱりさせる。しかし、それだけでなく、栄養面でもメリットがある。

　キャベツに含まれるキャベジンという成分は、ビタミンCと同じく胃の粘膜の修復に役立つ。みずみずしいキャベツとの組み合わせは、油っぽいとんかつでも最後までおいしく食べられる。ただし、野菜の千切りは見た目よりも量が少ないため、温野菜などと組み合わせた方がよい。

81

焼き魚に大根おろし

汁も残さず食べるには……

ふを入れると味や口当たりを損なわず余さず食べられる。

①

効果

さっぱり食べられ生臭みも取れる。

魚は皮まで食べよう。亜鉛、鉄分が豊富。

コツを解剖

サバやさんま、イワシなど、焼き魚にすることの多い青背魚にはDHAやEPAなど、不飽和脂肪酸が多く含まれている。それに、皮の部分には亜鉛や鉄といったミネラルが豊富。栄養豊富な焼き魚は、積極的に食べた方がよい。脂肪が多く含まれるということは油っぽく、しつこいということでもある。これをさっぱりさせるためには、大根おろしと一緒に食べるとよい。大根は、魚の生臭みも取ってくれる。

82

トマトにオリーブオイル

エクストラバージン
オイルだとよりいい!

①

効果

栄養素の吸収が高まる。

●料理例
トマトソースパスタ、トマトサラダ、カプレーゼなど

コツを解剖

トマトに含まれるβカロテンやリコピンは、血糖値を下げたり、血流をよくするなど、体にいい生理作用が認められている。これらの成分はどちらも脂溶性なので、油と一緒に摂取することで吸収が促進される。油とともに摂取することで、βカロテンの吸収率は約7倍にまで高まるという。ただ、摂り過ぎには注意が必要。ほかの油類と合わせ、1日15～20グラムにとどめる。

83

カレーにらっきょう

ポークカレーは特におすすめ。

① 効果

栄養を効率よく使える。

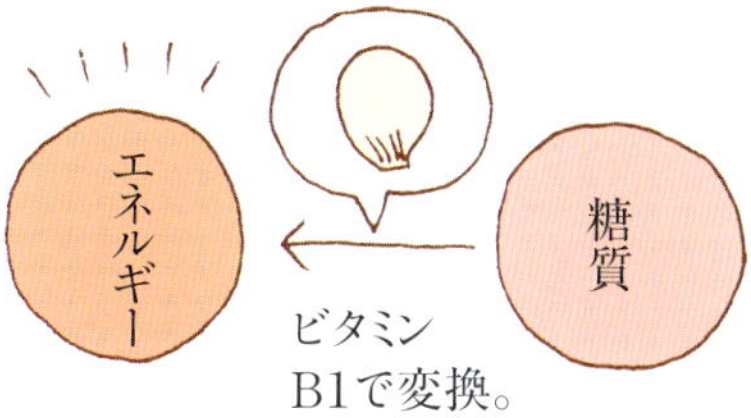

コツを解剖

炭水化物である米を大量に摂取するカレー。当然、体の中に入る糖質の量も増える。この糖質をエネルギーに変えるには、ビタミンB1が必要。ビタミンB1が不足すると疲労、倦怠感、食欲減退など、様々な症状が表れる。

らっきょうには、ビタミンB1を効率よく利用する助けとなるアリシン（硫化アリル）という成分が含まれている。ビタミンB1を豊富に含む豚肉を使ったポークカレーなどは、特におすすめ。

84 ごはんに味噌汁

野菜 ─ お肉 ─ 魚 ─ 卵 ─ ごはん・パン・麺 ─ 下準備 ─ 調理 ─ 味付け ─ 調理器具 ─ **食べ合わせ** ─ 飲み物 ─ 保存 ─ 食材選び

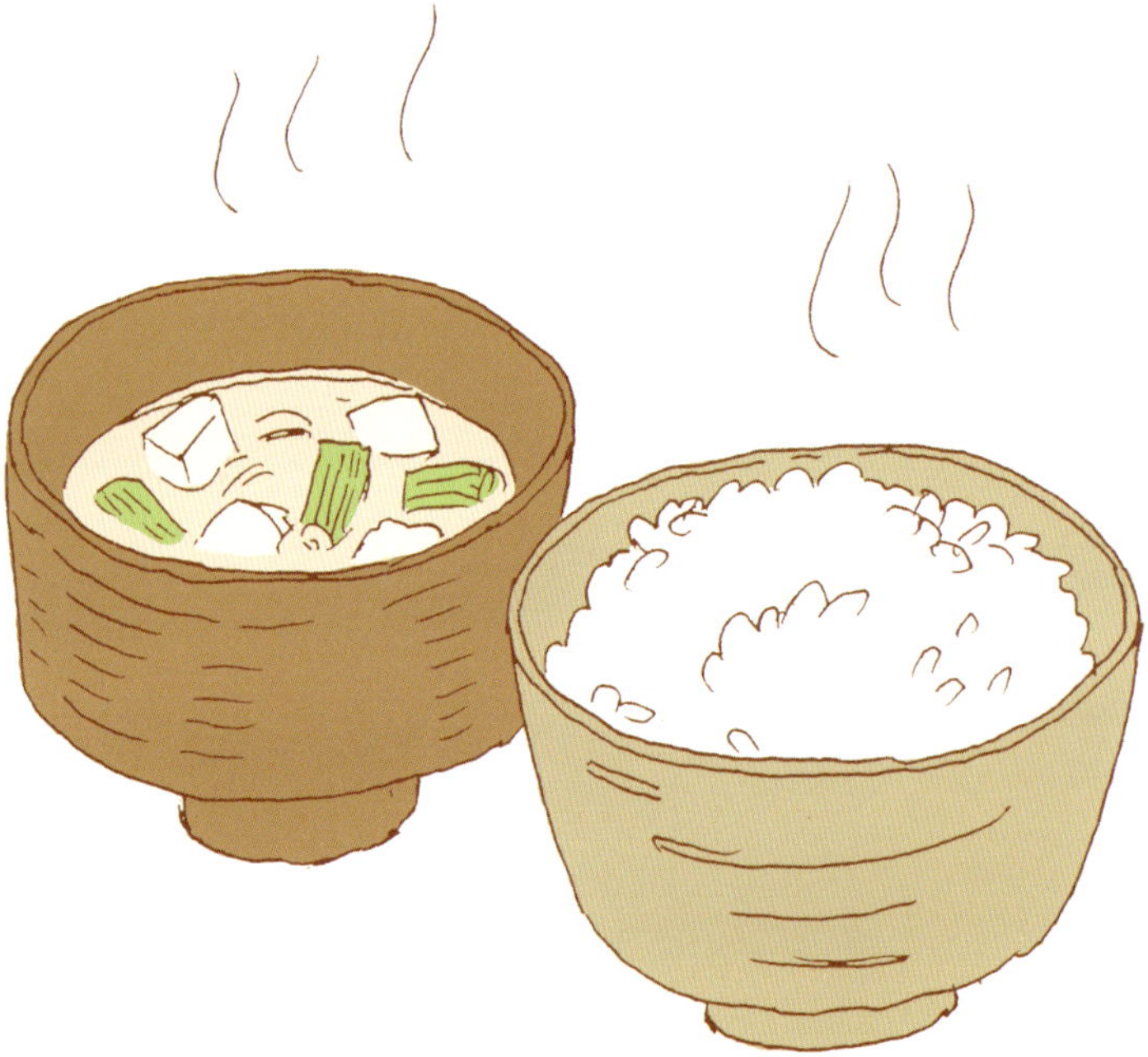

効果

① 必須アミノ酸、または質のよいたんぱく質を効率よく摂取できる。

具は豆腐や油揚げがおすすめ。

コツを解剖

私たちの体内では合成できないが、生きていくうえでなくてはならないアミノ酸を「必須アミノ酸」と呼ぶ。必須アミノ酸のすべてが含まれているたんぱく質が「良質たんぱく質」ということになる。牛乳・卵・肉などは必須アミノ酸すべてを含んでいるが、ごはんと大豆は一部の必須アミノ酸が足りないので、2つを合わて食べることでお互いを補い合う。だから「ごはんと味噌汁」の組み合わせは栄養的に優れているのだ。

85

ほうれん草、小松菜に油揚げ

茹でた青菜、あぶった油揚げをだしに浸す。

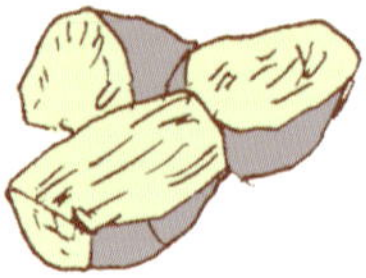

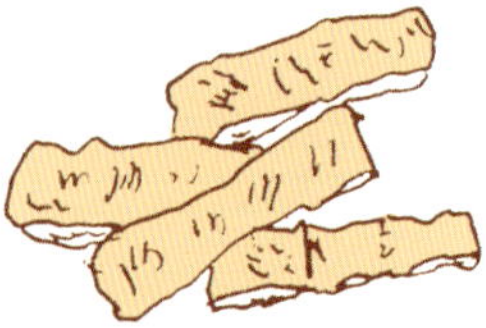

熱々でも少し冷やしてもおいしい。

効果

① 栄養素を効率よく吸収する。

コツを解剖

小松菜はカルシウムを多く含む。70グラムの小松菜のお浸しには、牛乳１００ml分のカルシウムが。これを効率的に摂取するには、カルシウムの吸収を促進させる大豆食品と一緒に食べるとよい。油揚げも小松菜と同じくカルシウムと鉄が豊富。組み合わせることで、栄養価は高まる。

加えて、小松菜に含まれるβカロテンは油に溶けることで小腸から吸収される。油揚げと煮ることで、このβカロテンも摂取できる。

●料理例
小松菜と油揚げの煮びたし、ごま和え、ピーナッツ和えなど

86

野菜炒めに春雨

春雨は最後に炒める。

効果

① 旨みや栄養の流出を防ぐ。

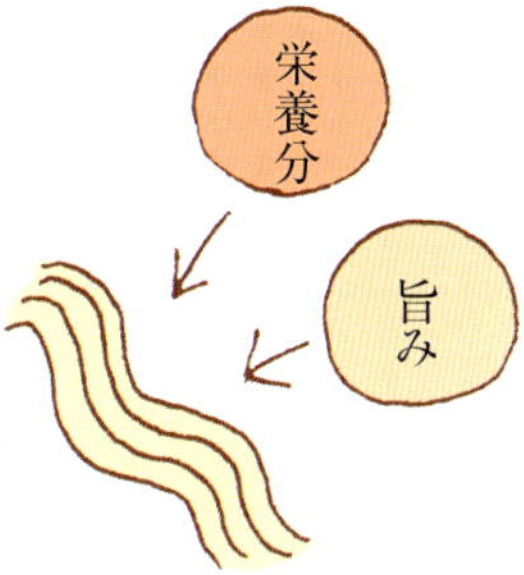

コツを解剖

野菜を炒めて塩やしょう油で味付けをすると、その脱水作用で細胞内の水分が外に出てきて、水っぽくなる。しかし、その水分には水溶性ビタミンや旨みがたくさん含まれているので、ムダにしたくない。

そんなときは、春雨を使うといい。ある程度炒めたら春雨を加え、溶け出た旨みや栄養分をしっかり吸わせる。こうして一緒に食べることで、溶け出た旨みや栄養分もムダなく摂取することができる。

飲み物のコツ

お茶、コーヒー、お酒……
飲み物がおいしくないと、
食事が台なし。
意外と知らない
飲み物のコツを紹介します。

87

透明なアイスティーを作る方法

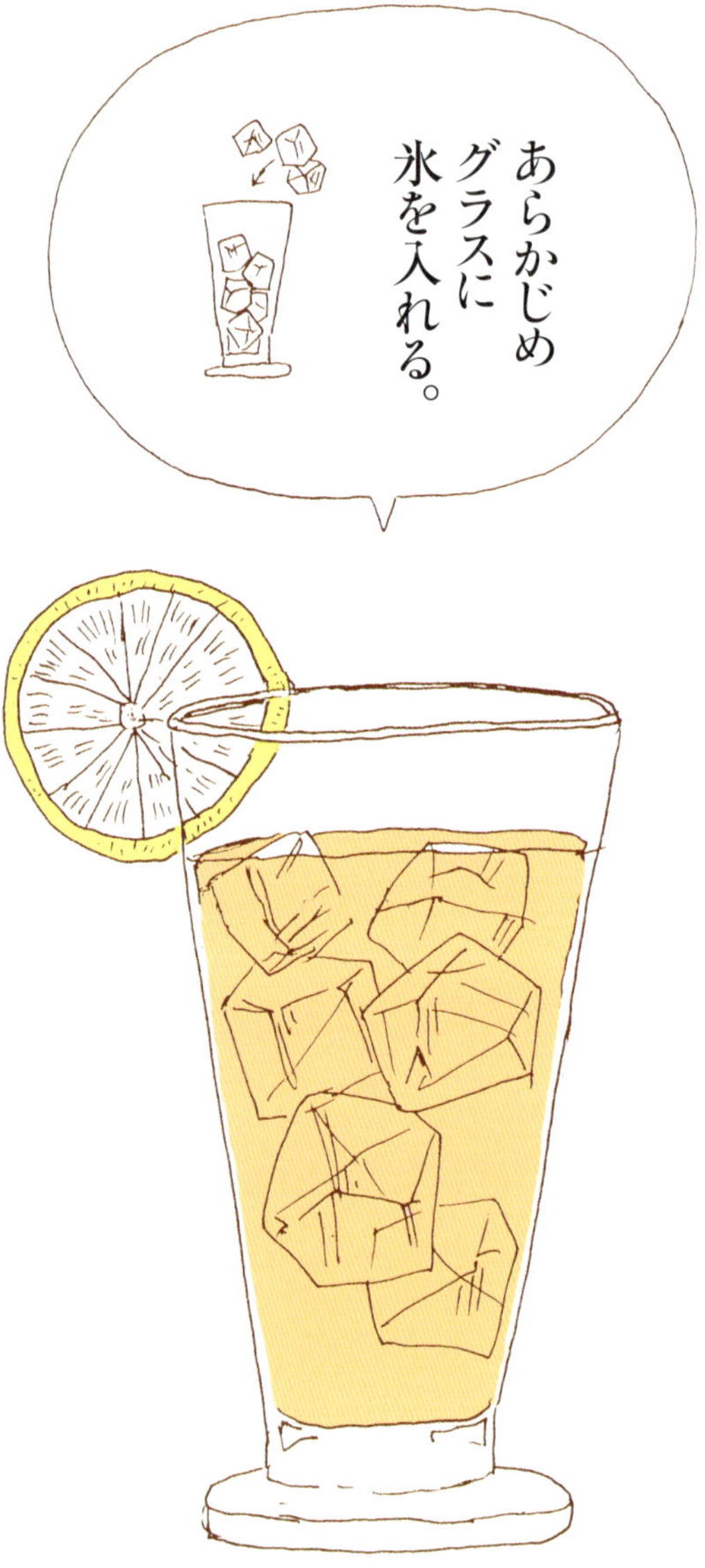
あらかじめ
グラスに
氷を入れる。

①

効果
濁りを防ぐ。

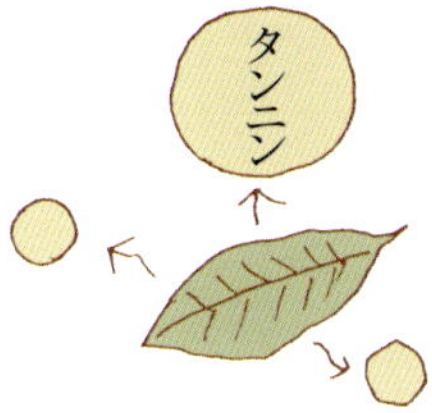

コツを解剖

茶葉に含まれるタンニンは、水に溶け出して紅茶独特の風味や渋み、コクを出す。

ただ、アイスティーや冷めた紅茶は濁って見えることが多い。クリームダウンと呼ばれるこの現象は、溶け出したタンニンが冷めることで固形の粒子となるため起こる。アッサムやセイロン、ウバ、ダージリンの一部で起こりやすい。これを防ぐには、あらかじめグラスに氷を入れておいて急速に冷やすとよい。

88

カフェオレとカフェラテの違い

コツを解剖

オレはフランス語で牛乳入り、ラテはイタリア語で牛乳という意味なので、どちらもミルク入りコーヒーという点では同じ。しかし、コーヒーの種類やミルクの分量が違う。カフェオレに使うのは普通のドリップしたコーヒー。一方、カフェラテはエスプレッソを使う。割合は好みだが、だいたいカフェオレが5対5、カフェラテは2対8。ちなみにエスプレッソ、温めたミルク、泡立てたミルクを1対1対1で混ぜたものはカプチーノ。

ミルク
5
:
ドリップしたコーヒー
5
=
カフェオレ

ミルク
8
:
エスプレッソ
2
=
カフェラテ

泡立てたミルク
1
:
温めたミルク
1
:
エスプレッソ
1
=
カプチーノ

89

食後にお茶を

基本のお茶セット。

効果

① 消化に良い。
② 口臭を抑える。
③ 食中毒、虫歯予防。

タンニン、ポリフェノールが効く

コツを解剖

緑茶に含まれるポリフェノールは、コレステロールの吸収を妨げる。さらに、脂肪燃焼の効果を高め、血糖値を下げると言われている。

　また、緑茶の苦味成分でもあるタンニンは、胃腸の働きを活性化させるので消化にも良い。口に残ったカスを洗い流すことで口臭を抑えるだけでなく、お茶の殺菌作用で細菌の繁殖を食い止めることもできる。そのため、食中毒や虫歯の予防にもつながる。

90

おいしいビールの注ぎ方

泡は2～4割。

① 注ぎはじめは、グラスを斜めに。

② 徐々に戻す。

効果

① 香りがとびにくくなる。

② きれいな泡ができる。

コツを解剖

ビールの泡は、味を左右する大事な要素。泡は苦味をやわらげ、ビールを覆う膜となって香りの揮発や酸化を防ぐ。好みにもよるが、泡は最低でも2割、多くて4割ぐらい。この割合にするためには、注ぎはじめにコップを傾けるとよい。真上から注ぐよりも泡の層が薄く、空気に触れやすくなるため、綺麗な泡ができる。ビールは冷やしすぎず、10℃前後のものを使う。注ぎ足すと泡ができにくい。

91 冷やすお酒、常温のお酒

ウイスキー、ブランデー、スピリッツ、リキュール、焼酎などは好みの飲み方で。基本は冷暗所で保存。

コツを解剖

ビールは10℃前後で泡ができやすい。冷やし過ぎると味が落ちるので、飲む3～4時間前に冷蔵庫へ。

ワインは温度が高いと香りが広がり、低いと酸味や渋みが抑えられる。そのため、赤ワインは15℃前後、白ワインは10℃前後が適している。あとはコクや酸味、年代によって調節するとよい。スパークリングは過度に冷やすと泡が出すぎる。

ほかのお酒は基本的に冷暗所で保存し、好みの飲み方で。

冷やして
7～10度

常温
15度

0度　10度　20度　30度

吟醸（冷、常）

純米（冷、常）

本醸造（冷、常、ぬる、あつ）

ワイン軽い赤
14～16度

ワイン重い赤ヴィンテージ
16～18度

ワインもっと軽い赤
10～14度

ワインコクのある白
10～14度

ワイン酸味の強い白
5～10度

デザートワイン
4度

ビール（夏）
6～8度

ビール（冬）
10～12度

保存のコツ

まとめ買いでも無駄を出さないために、
必須なのが、「保存」。
おいしさや栄養を損なわずに、
保存するコツを紹介します。

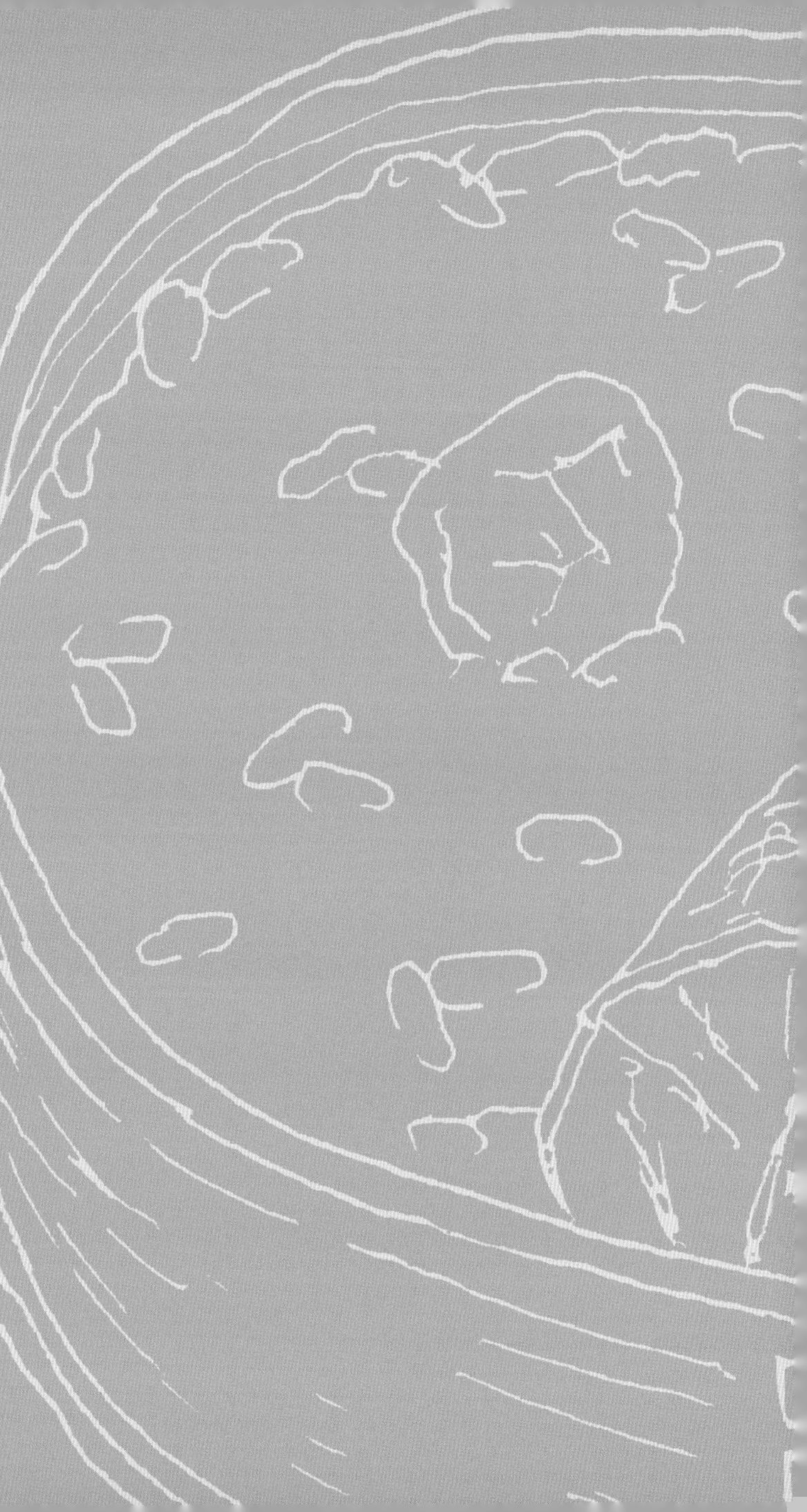

92

お弁当の中身は冷ましてから容器に入れる

①
効果
傷みにくくなる。

30〜40℃の状態は細菌が繁殖しやすい

コツを解剖

食べ物を腐らせるのは水分、温度、栄養分。熱いまま弁当にふたをして密閉すると、細菌が好む30〜40℃の状態を長く保つことになる。蒸発してふたについた水滴がごはんやおかずを濡らすと、味や保存性も落ちる。弁当箱内の湿度も上がるので、さらに細菌は繁殖しやすくなる。

また、違うおかず同士が触れ合い、水分が移るのも傷む原因。おかずはケースなどで分け、直接触れ合わないようにする。

93

ごはんを冷凍保存するときはなるべく小分けに

熱いうちに、包む。
薄く、四角く、小さく。

①
効果

早く凍らせて、旨みが逃げるのを防ぐ。

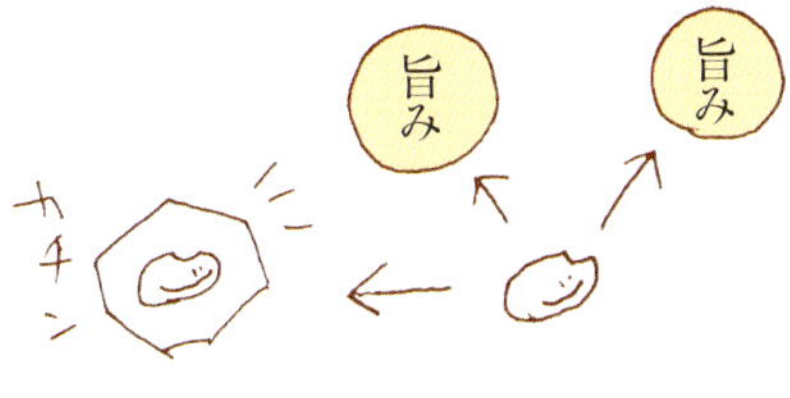

コツを解剖

冷めたごはんがおいしくないのは、米に含まれるでんぷんが老化するから。温度が低いほど早く進み、3～5℃でもっとも老化する。この変化は冷凍しない限り止められない。本来ならマイナス20℃以下で急速冷凍するといいのだが、家庭の冷凍庫では難しい。できるだけ老化を抑え、早く凍らせるためにも、小分けにした方がいい。また、熱いうちに水蒸気ごとラップで包むと、解凍したときにふっくらする。

94 野菜の保存のコツ

	かぶ、大根 	キャベツ 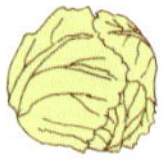	青菜 
通常保存	早くしなびるので、茎を2～3cm残してカット。新聞紙に包んで冷蔵庫に立てて保管。使いかけのものは切り口が乾燥しないようラップをかける。	ラップや新聞紙に包み、冷蔵庫で保存。芯をくり抜き、濡らしたキッチンペーパーを詰めておけば長持ちする。	濡れたペーパータオルで根元をくるみ、全体をラップで包むかビニール袋に。冷蔵庫に立てて保存。
冷凍保存	大根おろしは水気を切り1回分ずつをラップに包み冷凍。自然解凍。	適当な大きさに切り、水洗いして冷凍またはゆでて冷凍。凍ったままスープやカレーに。	軽く塩ゆでして冷水にとる。水気を絞り、使いやすい大きさに切って冷凍。凍ったまま汁物や炒め物に。

コツを解剖

常温の場合、にんじんやじゃがいも、たまねぎなどの根菜は風通しのよい冷暗所で保存するのが基本。ごぼうは乾燥しやすいので、新聞紙でくるむ。

野菜はある程度保存もきくが、ネギなどは干からびたりしやすい。もちろん、使いかけのまま長く保存するのもよくない。早めに使いきるか、しばらく使う予定がないなら下ごしらえして冷凍した方がいい。できるだけ早めに冷凍してしまった方が、栄養も逃げにくい。

トマト	ごぼう	しょうが	じゃがいも

ビニール袋に入れ冷蔵庫で保存。へたを下にして置くとよい。	泥付きは新聞紙にくるんで直射日光を避けた常温で保存。洗ってあるごぼうはビニール袋に入れて冷蔵庫で保存。	薄切りなど、用途に合わせて下ごしらえ。皮を乾かしてからラップで包んで冷蔵庫で保存。	風通しのいい冷暗所で保存。使いかけはラップで包み、冷蔵庫で保存。
まるごと冷凍可。へたを取ってラップでしっかり包む。半解凍してソースに。ザク切りで冷凍した場合はそのままスープの具などに。	ささがきにしながら酢水に浸し、アク抜きしたものをゆでて冷凍。凍ったまま調理可。	丸ごと冷凍しておろしても使える。薄切りも可。	ゆでたあとマッシュして冷凍。生のままでは含まれる水分が凍ってスカスカに。自然解凍してコロッケやポテトサラダに。

白菜 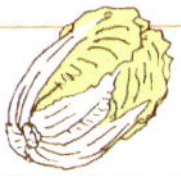	にんじん 	たまねぎ 	
まるごとの場合は新聞紙に包み、風通しのいい冷暗所に。カットしたものはラップに包んで冷蔵庫で保存。	風通しのいい冷暗所で保存。使いかけは全体の水気をふき、切り口が乾燥しないようラップして保存。	風通しのいい冷暗所で保存。皮をむき保存袋に入れれば冷蔵庫でも可。使いかけは切り口が乾燥しないようラップして保存。	通常保存
食感は変わるが冷凍可能。カットしてゆでて冷凍。凍ったまま調理可。鍋物や煮物に。	カタめにゆでて冷凍。煮物は凍ったまま、炒め物は自然解凍して水気をふく。	薄切り、みじん切りなど、カットしてから冷凍、油でじっくり炒めたたまねぎはラップで包んで1ヵ月ほど冷凍保存可。	冷凍保存

95 お肉の保存のコツ

	かたまり肉	厚切り肉	薄切り肉
	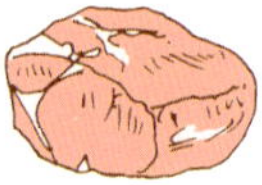	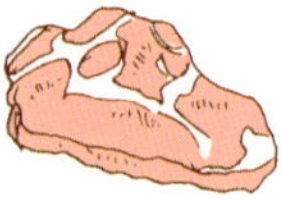	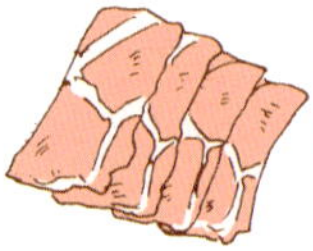
通常保存	牛は3～4日、豚は2～3日以内に使い切る。鶏肉は傷みやすいので、購入日の翌日までに調理。	牛は3～4日、豚は2～3日以内に使い切る。鶏肉は傷みやすいので、購入日の翌日までに調理。	1～2日で使い切る。
冷凍保存	ラップでぴっちり包み冷凍。またネギの青い部分・しょうがと一緒にゆで、冷めたらゆで汁ごと冷凍。約2週間。使う前日から冷蔵庫で解凍。	1切れずつぴっちりとラップに包む。下味、衣をつけて冷凍すると、調理が早い。約2週間。冷蔵庫で解凍。	1～2枚ずつラップに包む。牛肉は酸化しやすいので、できればサラダ油を少し塗ってから。下味をつけて冷凍も可。約2週間。

コツを解剖

肉は傷むのが早いため、買ったら翌日までに使い切った方がいい。特に、鶏肉や空気に触れやすいひき肉は早めに。冷蔵の場合でも、買ってきたらすぐにトレーから取り出す。水気を拭き取り、ラップに包んで保存。発泡スチロールのトレーに入れたままでは温度が伝わりづらい。また、トレー内に空気があるため、肉が酸化してしまう。ハムなども、加工品とはいえ開封後は長く持たないので、使わない分は冷凍。

加工品	手羽先	レバー	ひき肉
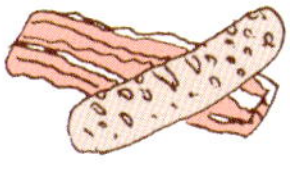	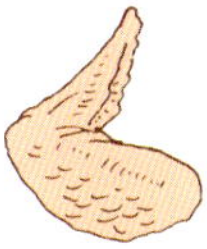	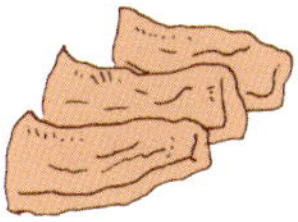	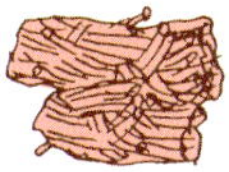
すぐに使わないものは冷凍保存。	買った日に使い切るか、すぐに冷凍保存。	購入日に食べない場合は冷凍。	空気に触れる面が多いので傷みやすい。買った日に使い切るか、すぐに冷凍。
ベーコンは1枚ずつラップに包む。1〜3cmにカットしても。ウィンナーは買ったときの袋ごとでもいいが、用途に合わせて切っておくと便利。約2週間。	冷凍は、そのままでもゆでて汁ごと冷凍してもよい。約2週間。冷蔵庫で解凍。煮込み料理には凍ったままでも可。	購入日に食べない場合は、冷凍保存。ゆでて水気をふきとり冷凍。約2週間。冷蔵庫で解凍。	そのまま冷凍するか、そぼろなど、用途別に下ごしらえして冷凍。薄く広げ、菜箸などで軽く線を入れておくと、使う分だけ折れて便利。約2週間。冷蔵庫で解凍。

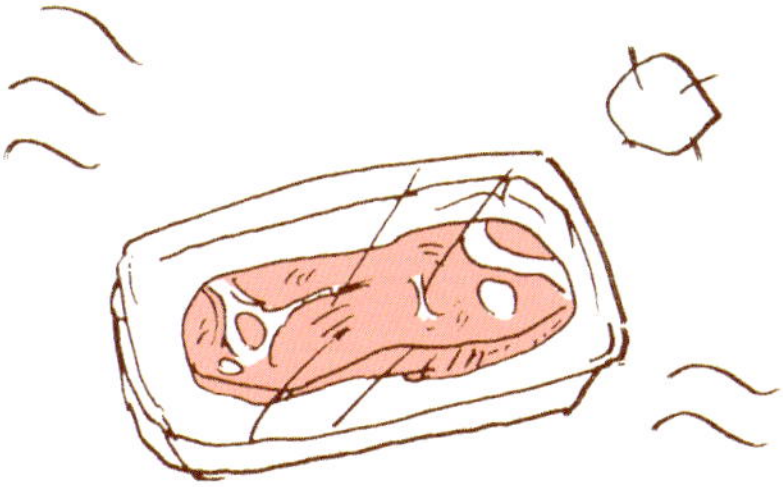

96 魚の保存のコツ

	干物	切り身	一尾
通常保存	脂が酸化しやすいので買ったその日に食べるのがベスト。1～2日であれば冷蔵庫で保存。	切り身の多くは一度冷凍したものを解凍して売っているため、再冷凍は避け、できるだけ早く食べきる。	内臓とエラを取って流水で洗い、水気をよく拭き取る。ラップに包んで冷蔵庫で保存。
冷凍保存	1枚ずつラップに包み、保存袋に入れて冷凍。凍ったまま焼いてOK。約2週間。	水気を拭き取り、1切れずつラップに包んで保存袋に入れ、冷凍。約2週間。冷蔵庫で解凍するか、凍ったまま調理。	内臓とエラを取り、水気を拭き取ったものを袋に入れて冷凍。加熱後の冷凍は、骨や皮を除いて身だけ。約2週間。解凍は冷蔵庫で。

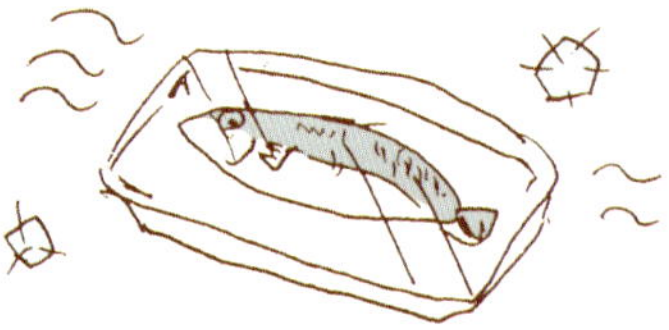

コツを解剖

魚は内臓から腐るため、一尾魚の場合は必ず内臓を取って洗い、水気をよく拭き取る。切り身は傷みやすい。それだけでなく、一度冷凍されている場合が多いため、再冷凍は避けて早めに使い切った方がいい。日持ちすると思われがちな干物も脂が酸化しやすいので、すぐに食べるか冷凍。えびやイカ、貝類も、買ってきたその日に下ごしらえし、使い切れなかった分は冷凍するとよい。

	たらこ	生ダコ	生イカ	あさり、しじみ
	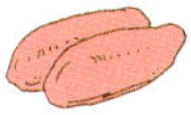			
通常保存	そのまま冷蔵庫へ。できるだけ早く食べきる。	買った当日に使わない場合は冷凍。	買った当日に使わない場合は冷凍。	砂抜きしたものを密閉容器に入れれば、冷蔵でも2～3日もつ。
冷凍保存	1つずつラップに包んで冷凍。約1ヶ月。解凍は冷蔵庫で。	酒を少々ふり、使いやすい大きさにカットして冷凍。約2週間。解凍は冷蔵庫で。	酒を少々ふり、使いやすい大きさにカットして冷凍。約2週間。解凍は冷蔵庫で。	殻つきのものは砂抜きし、よく水気を拭き取ってから保存袋に入れて冷凍。約2週間。凍ったままの調理が基本。

生えび 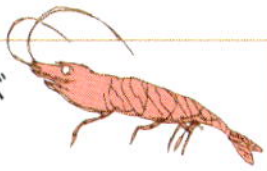	しらす 	練り製品 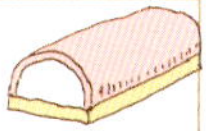	
買った当日に使わない場合は冷凍。	2～3日で生臭くなるので早く食べきるか、すぐに冷凍保存。	冷蔵庫で保存。開封したものは翌日には食べ切る。	通常保存
背わたを取り、水分を拭き取ったものをラップに包み、保存袋に入れて冷凍。約2週間。解凍は冷蔵庫で。	熱湯をかけ塩抜きし、水分を拭き取ってから密閉容器に入れて冷凍。約1ヶ月。自然解凍か凍ったまま調理。	使いやすい大きさにカットし、凍ったまま調理。約1ヶ月。自然解凍してサラダなどに。	冷凍保存

食材選びのコツ

おいしいお料理は、
まずおいしい食材選びから。
どこで見分ければいいか、
食材選びのコツを紹介します。

97 旬の食材を選ぶ

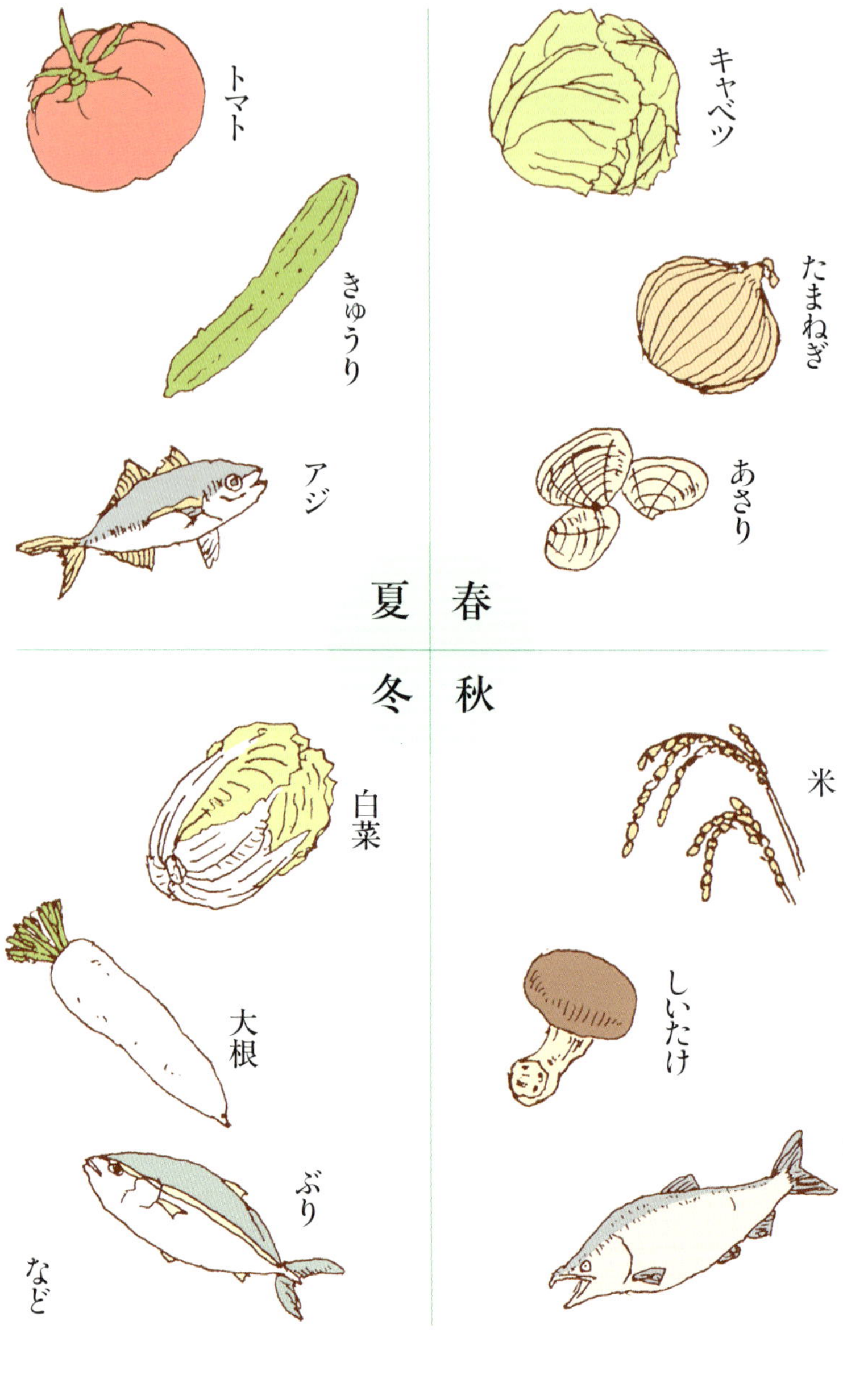
春
キャベツ
たまねぎ
あさり
夏
トマト
きゅうり
アジ
秋
米
しいたけ
鮭
冬
白菜
大根
ぶり
など

効果

①安い。

②栄養価が高い。

冬のほうれん草のビタミンCは……

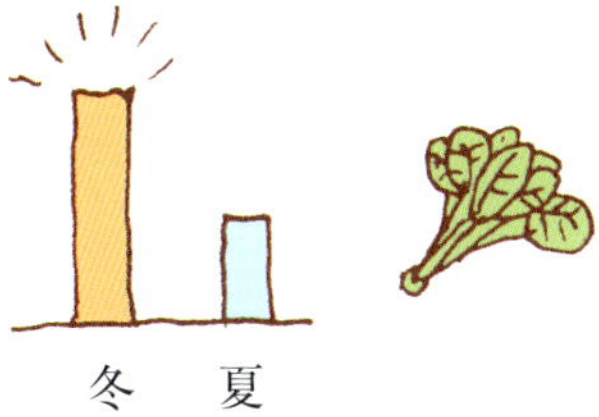

夏に比べて約3倍。

コツを解剖

栄養価が高く、安いだけでなく、旬の食材には「旬」と呼ばれるだけの理由がある。たとえば、筍やアスパラガスなど、春が旬の食材にはアンチエイジングに効果を発揮する成分が含まれている。夏が旬のきゅうりやトマトは清涼感があり、夏バテを防ぐ効果が。秋は夏にたまった疲れを癒し、お腹にも優しい、りんごやさつまいもなどがある。冬は、体を温める料理に適したネギや大根、白菜などが旬の食材だ。

98

おいしい野菜の見分け方

キャベツ

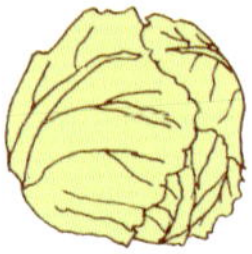

外側の葉が濃い緑色のもの。みずみずしく重いもの。切り口が黒ずんでいるものは避ける。

青菜

葉の色が濃く、葉先までピンと張っているもの。茎が長いものは、成長しすぎている証拠。

じゃがいも

表面がなめらかでハリがあり、傷のないもの。芽が出ているものは避ける。

かぶ、大根

重みがあって、葉が鮮やかな緑色のもの。表面が白くなめらかで、ハリがあるもの。葉が黄色いもの、新しい葉が出ているものは古い。

コツを解剖

青菜やキャベツ、トマトなどは、色が鮮やかなもの。白菜やキャベツは重みがあり、青菜は葉先がピンとしているものがよい。トマトや大根、じゃがいもなどはハリのあるものを。表面がなめらかで、傷のないものを選ぶ。変色しているものや切り口が黒ずんでいるもの、芽が出ているもの、切り口から新しい葉が出ているものなどは古いものなので、それらもチェックするとよい。

ごぼう

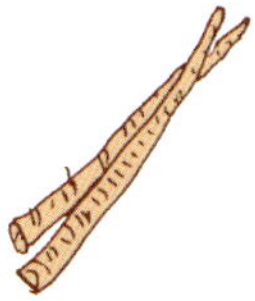

茎がカタく、切り口にスが入っていないもの。太すぎないもの。

しょうが

カタくてふっくらしたもの。傷がないもの。新しょうがは白く、茎のつけ根が赤いもの。

たまねぎ

皮が乾いていて、傷がないもの。芽が出かかっているもの、触ってフカフカしているものは避ける。

トマト

ヘタが緑色でピンとハリがあるもの。色が全体的に赤く丸いもの。

白菜

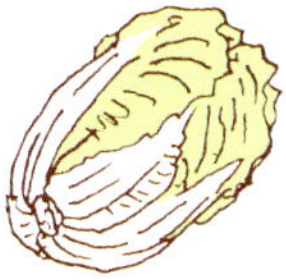

重く、葉先が巻いているもの。カットしてあるものは葉の密度が高いもの。

にんじん

全体の赤みが強く、表面がなめらかなもの。茎の生え際部分の直径が小さいもの。直径が大きいものは育ちが悪く、甘みが少ない。

99
おいしいお肉の見分け方

牛小間切れ肉	牛ステーキ肉
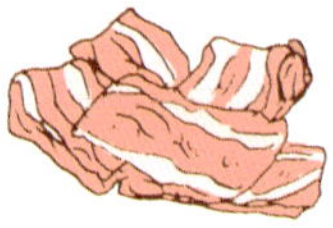	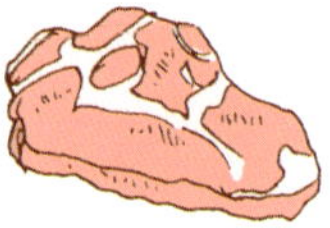
鮮やかな赤色で、脂や筋がきれいに処理されているもの。黒ずんだものが混じったものは避ける。肉汁が出ていないもの。	鮮やかな赤色で、脂肪が適度に入り、霜降りの状態になっているもの。脂肪が乳白色のもの。肉汁が出ていないもの。赤身肉は色が鮮やかなもの。
豚バラ	豚ロース
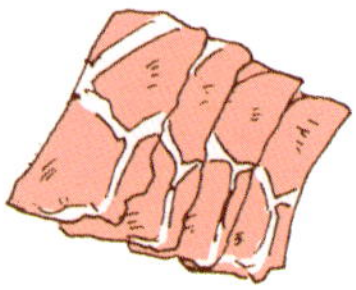	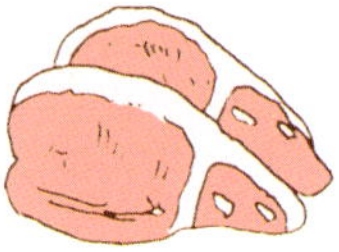
赤身と脂肪がきれいな層になっているもの。脂肪が白いもの。肉汁が出ていないもの。	表面がなめらかで、淡いピンク色のもの。脂身の部分が白いもの。肉汁が出ていないもの。

コツを解剖

牛肉は鮮やかな赤色で、脂肪が乳白色のものがよい。豚肉は表面がなめらかで、淡いピンク色のもの。脂肪は白いものを選ぶ。鶏肉は表面にツヤがあり、透明感のあるもの。皮がついている場合は白すぎず、皮のポツポツがハッキリしている方がよい。いずれも肉汁が出ていないものを選ぶ。レバーは色が鮮やかで、みずみずしさと弾力のあるものがよい。

手羽先

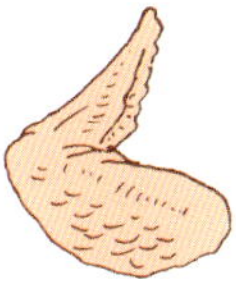

ピンク色で皮のポツポツがはっきりしているもの。

レバー

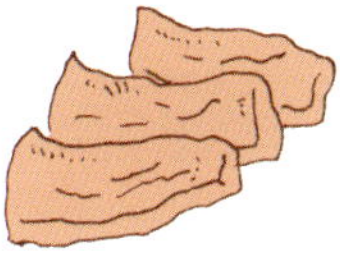

色が鮮やかで、みずみずしさと弾力のあるもの。

鶏もも

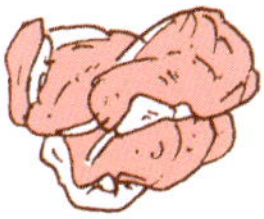

表面にツヤとハリがあり、透明感のあるもの。しっかり肉がついているもの。皮がついている場合、皮は白すぎず、少し黄みがかったもの。肉汁が出ていないもの。

ささみ

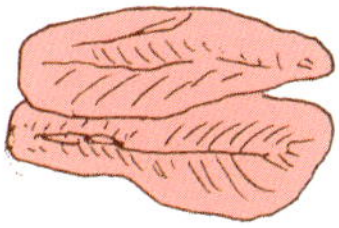

表面にツヤとハリがあり、透明感のあるもの。厚みがあり、身が締まっているもの。肉汁が出ていないもの。

100

おいしい魚の見分け方

切り身

白身の切り身は、透明感があり、パックに血や水が溜まっていないもの。赤身は色に深みがあり、サクの場合は筋が平行になっているもの。青魚は、ハリと弾力があるもの。

一尾

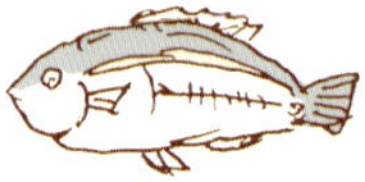

一尾の場合は、目が澄んでいて、体のツヤが良く弾力性があるものを選ぶ。

あさり、しじみ

あさりは殻つきのものなら模様がハッキリしていて、口が開いていないもの。むき身はツヤとハリがあるもの。しじみは殻の色が濃く、大きめのもの。

干物

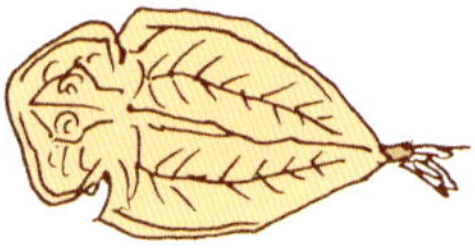

干物は身にツヤがあり、透明感があるもの。骨が浮き上がっていないものがよい。

コツを解剖

一尾魚の場合は、目が澄んでいるもの。ふっくらとしていてハリがあるものがよい。ウロコがとれているものなども新鮮ではないので、形や見た目がきれいなものを選ぶ。切り身は色が締まり、汁が出ていないかなどをチェックするとよい。あさりやしじみなどの貝類は、殻も重要なポイント。殻の色が濃く、模様がハッキリしているものを選ぶ。イカやタコは、吸盤を触ってみてその吸いつきを確かめるのもよい。

生ダコ

表皮は茶色く、ツヤがあるもの。触れる場合は吸盤の吸いつきが良いもの。ゆでダコは弾力があるもの。

生イカ

透明感・ツヤのあるもの。皮が赤茶で模様がハッキリしているもの。触れる場合は吸盤の吸いつきが良いもの。

生えび

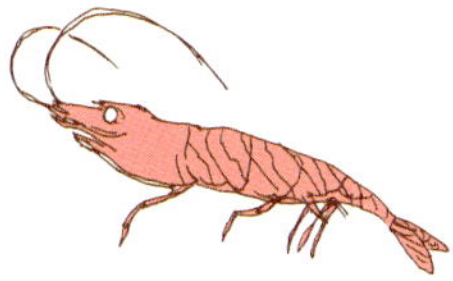

透明感があって、頭と尾の付け根がしっかりしているもの。

たらこ

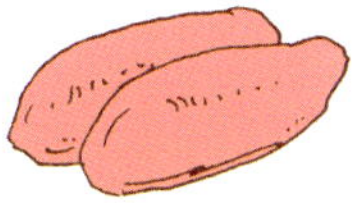

透明感があって、膜が薄く身がくずれていないもの。

生ガキ

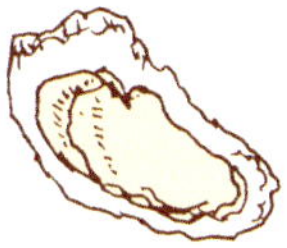

身が透き通っていて、ふっくらしているもの。フチの黒い部分が鮮やかなもの。

しらす

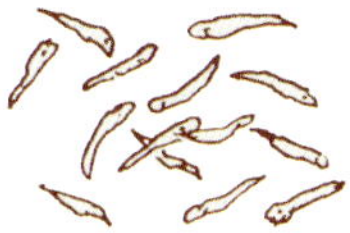

白く透き通っているもの。小さいものほどいい。

チャーハン……P104, 106, 134, 180
茶碗蒸し……P88, 94, 130, 132
ちらし寿司……P22, 96, 88, 104, 106, 108
チンジャオロース……P14, 122, 144
手羽先の煮物……P56, 172, 220
豆腐のみそ汁……P130, 132, 194
鶏肉とれんこん酢煮……P22, 172
鶏の唐揚げ……P56, 150, 230
鶏のつくね……P60, 62
とんかつ……P40, 42, 46, 54, 186

[な]
なすの煮物……P148
ナポリタン……P114, 116, 118
肉じゃが……P10, 14, 26, 162, 166

[は]
パンケーキ……P92, 96
ハンバーグ……P52, 58, 60, 62, 64, 66
バンバンジー……P40, 42, 56
パンプキンプリン……P28
ビーフシチュー……P40, 50
ビーフステーキ……P40, 42, 46, 48, 52
ピカタ……P94, 150
冷やし中華……P96, 122, 226
ブイヤベース……P84
豚キムチ……P122, 144, 160, 180
豚肉ときくらげの卵炒め(ムースーロウ)……P144, 146
豚の角煮……P44, 54
ぶり大根……P80, 136
ブリの照り焼き……P70, 72, 128
ふろふき大根……P136, 162
フルーツヨーグルト……P32, 34, 36
回鍋肉……P122, 126, 144, 160, 180
ほうれん草のおひたし……P10, 20, 24
ほうれん草のキッシュ……P20, 24, 92, 94
ポークソテー……P40, 42, 46, 48, 54
ホットケーキ……P92, 96
ポテトサラダ……P10, 18, 26, 30, 218
ポトフ……P10, 26, 54, 220
ボンゴレビアンコ……P82, 84, 114, 116, 118

[ま]
麻婆豆腐……P178
麻婆なす……P148
マッシュポテト……P26, 28
ミートローフ……P60, 62
ミネストローネ……P118, 190
目玉焼き……P92, 98

[や]
焼きそば……P134, 144, 160, 180
焼きなす……P148
野菜炒め……P122, 144, 160, 180, 198
ゆで卵……P100
ゆで豚……P40, 42, 54, 220
ようかん……P168

[ら]
ラザニア……P118, 154
ラタトゥイユ……P148, 190, 228
緑茶……P206
レバニラ……P122, 144, 160, 180, 220, 230
れんこんの白煮……P22, 138
れんこんのはさみ揚げ……P60, 62, 138
ローストビーフ……P40, 52, 156
ロールキャベツ……P60, 62

料理名からその料理に必要なコツを逆引きできる索引

[あ]
アイスティー……P202
揚げだし豆腐……P130, 132, 178
あさりの酒蒸し……P82, 84, 226
アヒージョ……P84, 174
イワシの梅煮……P76, 80, 128
いんげんのごまあえ……P20, 182, 196
うどの酢味噌和え……P22, 138, 166
えびとねぎの黒コショウ炒め……P86, 174
えびとブロッコリーのサラダ……P20, 86, 88
えびのチリソース……P86
えびフライ……P86, 186
お酒……P208, 210
おでん……P26, 100, 136, 162
おにぎり……P104, 106, 216
お弁当……P214
オムライス……P92, 94, 98
オムレツ……P92, 94, 98
親子丼……P94, 126
温野菜のサラダ……P10, 20, 30, 182

[か]
海鮮かきあげ……P126, 222
かつ丼……P42, 46, 94
カプレーゼ……P190, 226
カルパッチョ……P78
カレイの煮付け……P76, 80, 128
カレー……P26, 50, 52, 54, 174, 192
きつねうどん……P130, 132
ぎょうざ……P60, 62, 152
きんぴら……P12, 138
クスクス……P118
クリームシチュー……P26, 126, 154
クレープ……P32, 34, 96
グラタン……P118, 154
ケーキ……P32, 34, 92, 110
コーヒー……P204
ゴーヤチャンプル……P144, 146, 160, 180
コールスロー……P12, 14, 228
ごぼうサラダ……P30, 138
小松菜と油揚げの煮びたし……P10, 20, 24, 196
コロッケ……P18, 26, 186, 218

[さ]
サーモンのムニエル……P70, 72, 128, 150
刺身……P78, 128, 232
サバの竜田揚げ……P128, 150
サバの味噌煮……P76, 80, 128, 166
三色どんぶり……P20, 56, 92, 94, 98
サンドイッチ……P16, 110, 112, 140
サンマの塩焼き……P70, 72, 74, 188, 232
しじみの潮汁……P82, 222, 232
しゃぶしゃぶ……P52, 54
シュウマイ……P60, 62
しょうが焼き……P40, 42, 44, 46, 54
吸い物……P130, 132
すき焼き……P44, 52
スイートポテト……P28, 226
スクランブルエッグ……P92, 94, 98
スコッチエッグ……P60, 62, 100
スパゲティミートソース……P114, 116, 118, 126, 170
ぜんざい……P168

[た]
炊き込みごはん……P104, 106, 164, 216
チキンソテー……P40, 42, 46, 48, 56
チキン南蛮……P40, 44, 56
筑前煮……P124, 162, 218
チャーシュー……P40, 42

参考文献

『調理科学講座2 調理の基礎と科学』（島田淳子・中沢文子・畑江敬子／朝倉書店）
『調理科学講座3 植物性食品Ⅰ』（島田淳子・下村道子／朝倉書店）
『調理科学講座4 植物性食品Ⅱ』（下村道子・橋本慶子／朝倉書店）
『調理科学講座5 動物性食品』（下村道子・橋本慶子／朝倉書店）
『調理科学講座6 食成分素材・調味料』（橋本慶子・島田淳子／朝倉書店）
『新装版 「こつ」の科学 調理の疑問に答える』（杉田浩一／柴田書店）
『結婚一年生』（入江久絵／サンクチュアリ出版）
『科学でわかる 料理のツボ』（左巻健男・稲山ますみ／学習研究社）
『新版 おいしさの科学 味を良くする科学 味のしくみが解かれば料理の秘訣が解かる』（河野友美／旭屋出版）
『料理のなんでも小事典 カレーはなぜ翌日に食べる方がおいしいの？』（日本調理科学会／講談社）
『からだにおいしい 野菜の便利帳』（板木利隆／高橋書店）
『改訂新版 調理学―健康・栄養・調理―』（安原安代・柳沢幸江／アイ・ケイコーポレーション）
『カラダと健康の疑問に答える 栄養「こつ」の科学』（佐藤秀美／柴田書店）
『はじめてでも、とびきりおいしい 料理のきほん練習帳』（小田真規子／高橋書店）
『料理と栄養の科学』（渋川洋子・牧野直子／新星出版社）
『続・料理の科学① 素朴な疑問に再び答えます』（ロバート・ウォルク／楽工社）
『続・料理の科学② 素朴な疑問に再び答えます』（ロバート・ウォルク／楽工社）
『はじめてのコーヒー』（堀内隆志、庄野雄治／mille books）など

参考URL

株式会社日清製粉グループ本社サイト
http://www.nisshin.com

一般社団法人日本パスタ協会サイト
https://www.pasta.or.jp

エバラ食品株式会社サイト
http://www.ebarafoods.com

日本ハム株式会社サイト
http://www.nipponham.co.jp

など

監修
豊満美峰子
とよみつ・みおこ
女子栄養大学短期大学部准教授

女子栄養大学大学院栄養学研究科修士課程修了。

株式会社消費経済研究所調査事業部、女子栄養大学短期大学部助手、杉野服飾大学准教授を経て、現職。

衛生検査技師免許、栄養士、管理栄養士、家庭料理技能検定1級、ホームヘルパー 2級修了、介護食士1級などの資格をもつ。

主な著書に『ダイエットシリコンスチーマーで女子栄養大学の500kcalごはん』、共著書に『調理学ー健康・栄養・調理』『食の検定公式テキストブック２級』『女子栄養大学の500kcal定番ごはん』『女子栄養大学の最高の朝ごはん』『家庭料理技能検定に合格できちゃうクッキング本』などがある。

料理のコツ解剖図鑑

２０１５年４月10日　初版第１刷発行
２０１７年７月21日　第５刷発行（累計２万６千部※電子書籍を含む）

監修　女子栄養大学短期大学部准教授
豊満美峰子

イラスト　桑山慧人

発行者　鶴巻謙介

カバーデザイン　井上新八
本文デザイン　桑山慧人（プリグラフィックス）
構成・文　竹中島唯、小林樹里

発行・発売　サンクチュアリ出版
〒１５１－００５１　東京都渋谷区千駄ヶ谷２－38－１
電話　０３－５７７５－５１９２　ＦＡＸ　０３－５７７５－５１９３
ＵＲＬ　http://www.sanctuarybooks.jp/
Ｅメール　info@sanctuarybooks.jp

印刷・製本　株式会社シナノパブリッシングプレス